Conoscere è importante per poter rispettare. E così capire di più e meglio i gatti è un passo decisivo per, non solo non trattarli male, letteralmente, ma anche per convivere meglio con loro e le loro esigenze etologiche.

La lettura di queste pagine vi aiuterà in questo percorso grazie ai traduttori della lingua felina, ai casi pratici rappresentati, all'elencazione dei diritti e doveri in vigore grazie anche alle normative.

I gatti, anche se non ve lo diranno mai apertamente, ringraziano.

Gianluca Felicetti
Presidente LAV

SONDa

Titolo originale:
Mini dictionnaire bilingue: Français/Chat e Chat/Français

Prima edizione: novembre 2009
Tredicesima edizione: ottobre 2010

Traduzione dal francese di Simona Debernardi

ISBN 88 7106 978 565 6

Si ringrazia l'avvocato Carla Campanaro,
Ufficio legale LAV.

EDIZIONI SONDA

corso Indipendenza 63
15033 Casale Monferrato (Al)
Tel. 0142 461516 – Fax 0142 461523
E-mail: sonda@sonda.it
Web: www.sonda.it

DIZIONARIO BILINGUE

ITALIANO / **GATTO**
GATTO / ITALIANO

Testi di Jean Cuvelier
Illustrazioni di Gilles Bonotaux

Edizione italiana
a cura di Roberto Marchesini

con la collaborazione di Ilaria Innocenti,
responsabile nazionale Settore Cani e Gatti della LAV

SONDA

Quando mi trastullo con la mia gatta, chi sa se essa non faccia di me il proprio passatempo più di quanto io faccia con lei? Ci divertiamo con smorfie reciproche, e se io ho la mia ora per iniziare o rifiutare, anch'essa ha la sua.

Montaigne, *Saggi*, libro II, capitolo 12,
a cura di Fausta Garavini, Mondadori, Milano 1970.

Ai lettori

Esiste un'ampia gamma di dizionari di lingue straniere, ma ancora nessuno era stato dedicato alla lingua e alla comunicazione con i gatti. Tuttavia, noi «parliamo» loro, loro ci «parlano», si «parlano» e si tratta di un vero e proprio dialogo che s'instaura tra il gatto e il suo amico umano, il quale deve decodificare quello che «dice» al suo gatto, e il gatto, quello che «dice» al suo umano.

Le edizioni Larousse hanno avuto l'idea di realizzare questo primo dizionario pratico di «lingua gattese», decriptando 160 situazioni tipo del comportamento felino, attraverso delle parole chiave relative alla vita di tutti i giorni... tutte attentamente selezionate e classificate dalla A alla Z.

Ideato in collaborazione con il dottor Jean Cuvelier, medico veterinario, e Gilles Bonotaux, disegnatore di talento, anche lui amante degli animali, questo dizionario fornisce semplici spunti per comprendere ed educare i gatti, ma anche... i loro amici umani. Le illustrazioni mettono in risalto, in modo umoristico, delle situazioni abituali con le quali quanti convivono con un gatto si sono confrontati almeno una volta. Rendendo la lettura più gradevole, questi disegni permettono di riconoscere alcune situazioni vissute e di correggere, se necessario, gli errori di comunicazione e di linguaggio che turbano le relazioni tra le persone e il loro gatto.

Aggraziato, dotato di classe, intelligente, ipersensibile, misterioso, indipendente ed estremamente discreto, il gatto ha mantenuto tutta la felinità dei suoi cugini selvaggi. Ed è senza dubbio per questo che ha soppiantato il cane nel cuore di molti umani. Dotato di indiscusso fascino, il carattere del gatto talvolta sfugge alle nostre capacità previsionali. È in questi casi che la conoscenza del linguaggio felino e delle sue sottigliezze viene in aiuto, permettendoci di comprendere le ragioni di un tale comportamento, spesso di migliorarlo cambiando il proprio atteggiamento o riorganizzando l'ambiente in cui vive il gatto.

Capire e farsi capire dal proprio animale sono le sfide che devono affrontare tutti coloro che vivono con un gatto. Questo dizionario, inedito nel suo approccio, è concepito per aiutarli.

Breve guida all'uso

Per ogni termine del dizionario, troverete una situazione della vita quotidiana e ciò che potrebbe significare per il gatto nella lingua umana.

- Nella 1° parte **Gatto ❖ Italiano** (pp. 13 a 156), vengono presentate situazioni in cui il gatto invia un messaggio destinato al proprio umano, come se potesse rivolgersi a lui se possedesse la parola.
- Nella 2° parte **Italiano ❖ Gatto** (pp. 157 a 240), vengono presentate situazioni in cui l'umano invia un messaggio destinato al proprio gatto e ciò che questi potrebbe decodificare in questa situazione nella lingua umana.
- Nella 3° parte **Gatto ❖ Gatto** (pp. 241 a 285), si trovano situazioni di comunicazione tra gatti, come se si potesse tradurre nella lingua umana il messaggio del gatto all'attenzione del suo o dei suoi simili.

Infine una 4° parte **Cos'altro devi sapere...** (pp. 287 a 307) a cura di Ilaria Innocenti della Lav. Mantenendo lo spirito del dizionario viene proposta una sintetica guida delle norme esistenti: leggi nazionali, il Codice civile e il Codice penale.

Introduzione all'edizione italiana

di *Roberto Marchesini*

Il rapporto con il gatto è sempre stato dipinto dall'uomo con accenti magici e di meraviglia, gli stessi che se da una parte ne sancirono la fortuna in tutta Europa, quando i commercianti punici esportarono la moda egizia per la felinità come dimensione ontologica, dall'altra ne decretarono la proscrizione allorché nel fondo della superstizione medievale il gatto fu tratteggiato come tentatore, seduttore, lascivo e quindi luciferino, incarnato stesso del male.

Ma questa visione antropocentrica del gatto, fondata sulla malía dello sguardo di giada, sulla sinuosità del movimento, sulla crepuscolarità delle abitudini, sulla comunicazione ambigua, sulle straordinarie doti acrobatiche, perciò tutta focalizzata sull'estetica e inevitabilmente portata a reificare il gatto, a trasformarlo cioè in un oggetto da ammirare o da rifiutare, indiscutibilmente finisce col negare al piccolo felino una sua soggettività.

Bello ma traditore, sornione ma pronto a colpirti, seduttivo eppure in fondo anaffettivo, capace di mostrarsi indifeso e bisognoso di cure parentali e di converso maestro di ingratitudine: innumerevoli sono le antinomie suscitate dal gatto in un caleidoscopio di luoghi comuni che mostrano la difficoltà dell'uomo di dare un significato o anche solo una giustificazione al proprio interesse per il gatto.

Privo di un canone di utilizzo, quale può rinvenirsi nel cane - si è convinti che anche quando non compie alcuna attività Fido serva a qualcosa mentre Silvestro sia solo un opportunista - il gatto non può essere altro che un oggetto da possedere e da mostrare. I compagni a due zampe del gatto - per evitare il brutto termine di proprietario o, peggio, di padrone - sono pronti però a sostenere che il loro piccolo amico sa comunque riaffermare la titolarità di individuo grazie a un carattere forte e risoluto, che certo non si lascia sottomettere o iscrivere forzosamente in facili catalogazioni. E in fondo hanno ragione. Il gatto, a differenza del cane, manifesta verso l'uomo una convivenza emancipata, come se volesse costantemente dirci: «Sì, ti voglio bene, ma posso fare a meno di te».

Così, a dispetto del gran numero di manifestazioni di amore e di vera e propria dipendenza affettiva che i gatti riservano ai loro amici umani, puntualmente passano per individualisti, quando non addirittura asociali, ed egoisti; si ritiene che la loro sia un'amicizia venale, che il vero interesse del micio sia per il tetto e per la ciotola.

Se con il cane è facile la deriva del controllo, vale a dire la pretesa di comandare il proprio quattrozampe come se fosse un soldatino che deve obbedire agli ordini, con il gatto si rischia quella del possesso. La sublimazione del gatto a dimensione del bello trascina con sé la negazione del gatto come alterità che va conosciuta e rispettata; paradossalmente il gatto, cifra di libertà e di emancipazione, viene privato di un qualsivoglia *milieu* relazionale.

Pochi si rendono conto che, benché solista ossia portato a operare in modo individuale sul mondo, il felino ha una socialità complessa e articolata e il suo rapporto con l'uomo presenta ambiti e sfumature molto sottili che vanno conosciute per poter instaurare un'amicizia profonda e autentica. Per incontrare il gatto occorre possedere una base comune di informazioni, saper leggere le sue disposizioni valorizzando le sue peculiarità perché saper interpretare un comportamento così alieno non è per nulla intuitivo.

Un esempio ci viene dalla percezione del mondo che nel micio ha delle ellissi difficili da seguire per noi umani che approcciamo la realtà con la quasi esclusiva finestra del visuale. Se possiamo attribuire al cane il titolo di *magister* olfattivo, cosa possiamo dire del gatto? Siamo spiazzati perché il nostro piccolo amico non ha una vera e propria elettività sensoriale ma è un luminare di integrazione sensoriale.

Il gatto è sinestesico - utilizza i sensi in modo incrociato - perché, solo per fare degli esempi, sa vedere il mondo con il tatto ed è in grado di gustare con l'olfatto. Possiede infatti dei peli specializzati e altamente sensibili, sparsi su tutto il mantello ma con una maggiore densità sul viso, capaci letteralmente di trasformare un referto tattile in una immagine visiva. Nel buio completo, grazie alle vibrisse, il gatto avverte gli ostacoli perché l'aria nei loro pressi disegna remolini e vortici rintracciabili in modo tattile.

Se solo tenessimo in considerazione questa alta sensibilità del mantello certo eviteremmo di accarezzare ossessivamente il nostro micio caricandolo in modo elettrostatico; se il gatto si stufa e ci graffia non è per la sua natura di traditore, è per la nostra ignoranza verso la sua natura. Il gatto gusta attraverso l'olfatto giacché in virtù dell'organo vomero-nasale è in grado di monitorare per contatto diretto le molecole chimiche con una precisione stechiometrica. La sua smania di organizzare in modo preciso lo spazio che lo circonda e la grammatica delle relazioni abituali lo porta ad apporre feromoni di marcatura su ogni cosa e naturalmente anche su di noi. Il gatto non è malizioso e seduttivo quando si struscia, ma semplicemente ci sta marcando.

Le incomprensioni sono davvero tante, da qui il bisogno di un vademecum che proprio come un dizionario eviti la traduzione maccheronica del linguaggio e del comportamento del gatto per facilitare l'incontro su corde empatiche e non su preconcette attribuzioni o banali antropomorfismi.

Il pregio di questo libro sta proprio nel gettare una base di lettura del «gattese» sdoganandolo dal banale o dal magico perché se è ammissibile qualche fuga nell'onirico, un piccolo peccato antropomorfico, un breve intervallo nella dimensione estetica, non è corretto basare la propria relazione sul fraintendimento giacché a farne le spese è sempre il gatto.

Roberto Marchesini (Bologna), studioso di scienze biologiche e di epistemologia, è scrittore e saggista. Presidente della Società italiana di Scienze Comportamentali Applicate e direttore di SIUA (Scuola di Interazione Uomo Animale), insegna Scienze Comportamentali Applicate in alcuni atenei italiani.

Tra i saggi pubblicati: *Post-human* (Bollati Boringhieri 2002); *Nuove prospettive nelle attività e terapie assistite dagli animali*, (Edizioni Scivac 2004); *Canone di Zooantropologia Applicata* (Alberto Perdisa Editore 2004); *Fondamenti di Zooantropologia* (Alberto Perdisa Editore 2005); *Attività e terapie assistite dagli animali. L'approccio zooantropologico alla pet-therapy* (con Laura Corona, Alberto Perdisa Editore 2007).

GATTO ITALIANO

ACQUA. Liquido incolore, trasparente ed essenziale alla vita.

- **LA SITUAZIONE TIPO:** il gatto beve l'acqua che scende dal rubinetto.
- **A COSA PENSA IL GATTO:** «*Qui l'acqua è migliore*».

Il consiglio del medico veterinario

Quando si parla di bevande e soprattutto di acqua, il gatto è molto esigente. Perché beva l'acqua, questa deve essere:
• Di suo gusto: il gatto ha papille gustative molto sensibili all'acqua e fa differenza tra l'acqua della bottiglia e quella del rubinetto.
• Né troppo calda né troppo fredda: la temperatura ideale è tra 4 e 10 °C.
• Pulita: niente, nemmeno una briciola di cibo, deve sporcare la sua acqua.
• Servita in un contenitore: poco profondo ma molto largo, pulito e inodore, posto distante dalla zuppa e dalle crocchette, in un angolo sicuro dove il gatto possa guardarsi intorno senza rischiare di essere attaccato di sorpresa.
Quando bevono, alcuni gatti hanno le loro piccole manie: immergono la zampina nel recipiente, poi la leccano, bevono solo l'acqua che scorre dal rubinetto (l'acqua è fresca e si rinnova di continuo), amano solo l'acqua piovana…

VEDI > DIABETE MELLITO P. 55; CIOTOLA P. 47;
GUSTO P. 75; LATTE P. 196; SETE P. 125-126.

AGGRESSIONE. Attacco a volte brutale che provoca danni all'integrità fisica e/o psichica di un individuo.

- **LA SITUAZIONE TIPO:** il gatto, rinchiuso in un piccolo appartamento, inattivo, nutrito una sola volta al giorno, è tormentato dai bambini.
- **A COSA PENSA IL GATTO:** «*Come mantenere il sangue freddo, quando vivi in questo modo*».

Il consiglio del medico veterinario

Per gli animali, l'aggressione è una componente normale del comportamento. Armato di unghie e di zanne, il gatto è un combattente che non ha rivali. Le sue aggressioni sono temibili ma rare. Hanno luogo quando sono fallite tutte le altre strategie. Di norma l'aggressione si svolge in tre tempi: la minaccia, l'aggressione con morsi e/o graffi, la fine delle ostilità quando uno dei combattenti fugge. In effetti, diversamente dal cane, il gatto non ha una posizione di sottomissione in grado di inibire l'aggressività del suo avversario. Quando si corica sulla schiena, lo fa per attaccare meglio. Le cattive condizioni in cui è cresciuto (separazione precoce dalla madre, difficoltà di socializzazione, assenza di controllo dei graffi e dei morsi...) e condizioni di vita insoddisfacenti (sovrappopolazione, mancanza di spazio, assenza di attività...) possono favorire la comparsa di comportamenti aggressivi nel gatto.

VEDI > AGGRESSIONE P. 244; PACIFICAZIONE P. 268; AUTOCONTROLLO P. 162; UNGHIA (GRAFFIATA) P. 146; MORSO P. 200; SOVRAPPOPOLAZIONE P. 130.

ATTENZIONE
GATTO
AGGRESSIVO

Aggressione da irritazione. Attacco in risposta a dolore, frustrazione o costrizione.

- **LA SITUAZIONE TIPO:** il gatto morde il medico veterinario mentre questi gli fa un prelievo di sangue alla zampa.
- **A COSA PENSA IL GATTO:** «*Basta! Mi fai male!*».

Il consiglio del medico veterinario

L'aggressione da irritazione è provocata da dolore, da frustrazione (privazione del cibo) o da costrizione, come la spazzolatura o semplicemente una seduta di carezze troppo lunga.

L'ansia riduce la soglia di tolleranza del gatto e favorisce le aggressioni da irritazione. Il gatto si lamenta, soffia poi morde o graffia se non ottiene il risultato desiderato; nel caso del gatto che morde quando viene accarezzato, l'attacco imminente può essere preannunciato da un semplice sbattimento della coda. A forza di ripetizioni, cessa la fase di minaccia e il gatto morde o graffia senza preavviso. Più il gattino è stato manipolato nella sua infanzia, più la sua soglia di tolleranza al contatto sarà elevata e migliori saranno i suoi rapporti con gli umani.

È ovvio che i medici veterinari sanno come evitare le manipolazioni che possono determinare dolore.

VEDI > ANSIA P. 28; GATTO CHE MORDE QUANDO VIENE ACCAREZZATO P. 70; DOLORE P. 58; LAMENTO E SOFFIATA P. 194; UNGHIA (GRAFFIATA) P. 146; MORSO P. 200; PERIODO DI SOCIALIZZAZIONE P. 212; VETERINARIO P. 152.

Aggressione da paura. Attacco violento, incontrollato, di un gatto spaventato che non ha possibilità di fuga.

- **LA SITUAZIONE TIPO**: il gatto randagio coricato sul fianco, le unghie tutte fuori, le orecchie all'indietro, è accerchiato da bambini che tentano di prenderlo.
- **A COSA PENSA IL GATTO:** «*Se vi avvicinate, vedrete cosa vi capiterà!*».

Il consiglio del medico veterinario

La paura è un'emozione che s'innesca in presenza di un pericolo o quando lo si percepisce. La paura getta il gatto in uno stato di vigilanza e aumenta la sua capacità di reazione. Spinge alla fuga o all'offensiva. L'aggressione da paura è ancora più pericolosa quando il gatto non ha controllo della situazione. Si manifesta quando l'animale si sente minacciato, per esempio, allorché il suo aggressore supera la distanza critica senza che l'animale possa fuggire. È il caso, ad esempio, in cui il gatto è inseguito da alcuni bambini ed è intrappolato sotto un mobile, contro la recinzione di un giardino o sotto un portone. Il gatto è in posizione difensiva, coricato sul fianco, le orecchie appiattite all'indietro e le pupille dilatate. Soffia, si lamenta e può mettersi a urinare e a fare i suoi bisogni. Se i bambini tentano di accarezzarlo, anche in modo gentile, morsi e/o graffi sono garantiti.

Per evitare questo tipo d'aggressione, bisogna sempre lasciare al gatto una possibilità di fuga e fare in modo che impari a riconoscere i bambini come suoi amici. Perché questo accada, durante il periodo di socializzazione deve venire a contatto, in un contesto positivo, con persone di tutte le età e corporatura. Questo tipo d'aggressione è più frequente nei gatti ansiosi.

VEDI > ANSIA P. 28; GATTO CHE MORDE QUANDO VIENE ACCAREZZATO P. 70; DISTANZA CRITICA E DISTANZA DI FUGA P. 56; PERIODO DI SOCIALIZZAZIONE P. 212; SINDROME DELLA TIGRE P. 126.

Aggressione ridiretta. **Attacco rivolto a un oggetto o a un essere vivente che non ha nessun rapporto con l'evento scatenante incomprensibile.**

- **LA SITUAZIONE TIPO:** il gatto, sfidato dalla finestra dal gatto del quartiere, morde il suo amico umano che vuole fargli una carezza.
- **A COSA PENSA IL GATTO:** «*Non ho trovato niente di meglio per sfogarmi!*».

Il consiglio del medico veterinario

Non potendo scaricare la propria aggressività sul gatto o il cane del vicino che lo sta sfidando, il gatto se la prende con il primo essere vivente che incrocia sul proprio cammino. L'aggressione ridiretta è ancora più sorprendente e incomprensibile quando a scatenarla è stato un rumore, un odore, qualcosa che il gatto ha visto, l'arrivo di un estraneo... e quando l'attacco è avvenuto parecchie ore dopo. In questi casi la relazione causa-effetto è quasi impossibile da stabilire. Se il vostro gatto sembra agitato ed eccitato senza ragione, lasciate che si calmi facendolo mangiare o lasciando che si pulisca tranquillamente e proponetegli un'attività ludica. Poi, una volta cha la tensione si è allentata, aspettate che si avvicini a voi. Potrete allora prenderlo in braccio senza correre rischi, facendogli le coccole.

VEDI > AGGRESSIONE P. 15; STRESS P. 225.

ALIMENTAZIONE (RIFIUTO DELL'). Apporto di cibo indispensabile al buon funzionamento di un organismo.

- **LA SITUAZIONE TIPO:** rientrando a casa, il gatto si rifiuta di mangiare il cibo che ha ricevuto durante il periodo in cui è stato ricoverato.
- **A COSA PENSA IL GATTO:** «*Questo mi ricorda troppo il mio ricovero in clinica*».

Il consiglio del medico veterinario

Il gatto è un buongustaio, tutti lo riconoscono, ma il fatto che rifiuti un cibo non dipende sempre dal cattivo sapore di quest'ultimo. Può essere associato a un avvenimento spiacevole. È il caso, ad esempio, di un cibo cha ha causato problemi digestivi o è stato somministrato in pensione o durante il ricovero dal medico veterinario. Il senso di disgusto s'instaura molto velocemente e può durare vari mesi, se non tutta la vita.

Durante il ricovero, sempre stressante per il gatto, è quindi preferibile, salvo diversa indicazione da parte del medico veterinario, somministrargli il cibo al quale è abituato. E se, in seguito, è necessario cambiare la sua alimentazione sostituendola con cibi dietetici, si raccomanda di aspettare che il gatto si sia ristabilito e sia rientrato nel suo ambiente. In ogni caso, la transizione dal vecchio al nuovo alimento deve avvenire in più giorni, introducendo ogni giorno nella razione un quarto supplementare del nuovo alimento. Al 4° giorno, servite al vostro gatto esclusivamente il nuovo alimento.

Questa transizione riduce i casi di rifiuto e permette al tubo digerente di abituarsi lentamente alla composizione del nuovo cibo.

VEDI > ALIMENTAZIONE P. 158; CIOTOLA P. 47; OSPEDALIZZAZIONE P 205.

ALOPECIA. Caduta o assenza, parziale o generalizzata, dei capelli o dei peli.

- **LA SITUAZIONE TIPO:** il gatto si lecca, in modo eccessivo, fino a strapparsi il pelo.
- **A COSA PENSA IL GATTO:** «*Leccarmi mi calma!*».

Il consiglio del medico veterinario

La pelle e il pelo sono un po' lo specchio dello stato d'animo del gatto. Un gatto felice e in buona salute avrà un bel pelo. Al contrario, un gatto ansioso, che non si trova a proprio agio con sé stesso, avrà la tendenza a leccarsi e a mordicchiarsi senza sosta per alleviare il malessere. Questa condizione si manifesta con zone più o meno estese (fianco, addome, zona tra le cosce) dove il pelo è più corto, a volte totalmente assente: si parla in questo caso di alopecia estesa felina. Queste manifestazione cutanee sono spesso associate ad altre manifestazioni di tipo ansioso (aggressione, marcatura, sporcizia, bulimia…) e in particolare all'onicofagia (rosicchiarsi e strapparsi le unghie). Tutte le razze ne sono colpite, i siamesi, gli orientali, i burmesi e gli abissini con maggior frequenza. Tuttavia, prima di concludere che si tratti di un problema puramente comportamentale, è importante escludere le principali malattie cutanee all'origine della caduta del pelo (allergie, tigna, parassiti esterni…). Qualunque sia la causa dei problemi cutanei, è importante assicurarsi che le condizioni di vita del gatto siano le più simili possibili a quelle in natura.

VEDI > ANSIA P. 28; ONICOFAGIA P. 108; PULCE P. 117; TIGNA P. 227; PULIZIA PP. 118, 272.

AMBIENTE. Insieme di elementi naturali e artificiali in seno ai quali un individuo vive e si sviluppa.

- **LA SITUAZIONE TIPO:** il cucciolo, arrivato dalla campagna, corre a nascondersi sotto un mobile non appena sente un rumore.
- **A COSA PENSA IL GATTO:** «*Tutto questo rumore e tutta quest'agitazione mi spaventano*».

Il consiglio del medico veterinario

A partire dalla 3ª settimana, grazie a una madre rassicurante, il gattino si apre al mondo. Il cucciolo allevato in un ambiente ricco di stimoli (accesso al giardino, vari giochi, presenza di bambini) si adatterà facilmente a un ambiente stimolante.

Al contrario, un gattino allevato in un luogo con pochi stimoli potrà soffrire di sindrome da privazione sensoriale se l'ambiente d'adozione non è particolarmente stimolante. Il primo stadio è caratterizzato da reazioni di paura di fronte a situazioni di vita quotidiana alle quali il cucciolo non è abituato. Se il gatto non riceve le cure adeguate, può diventare ansioso o depresso.

La noia mina l'equilibrio psicologico del piccolo felino, occorre quindi arricchire la casa con piccoli giocattoli, pendagli luccicanti, palline colorate per permettergli di esprimere la sua vitalità.

VEDI > ANSIA P. 28; APPARTAMENTO P. 32; DEPRESSIONE P. 52; PAURA P. 209; FOBIA P. 63; SPAZIO DEI GIOCHI P. 220.

ANORESSIA. Perdita o diminuzione dell'appetito che può essere causata da medicinali, un problema comportamentale o una malattia.

- **LA SITUAZIONE TIPO:** il gatto magrissimo davanti alla ciotola.
- **A COSA PENSA IL GATTO:** «*Non ho appetito*».

Il consiglio del medico veterinario

Se il vostro gatto ha poco appetito, prima di preoccuparvi assicuratevi che non abbia mangiato dal vicino o che non sia «innamorato» di una gatta. A volte l'amore toglie l'appetito!

In questo caso il comportamento da adottare dipende da eventuali sintomi associati e dalla sua temperatura rettale.

Provategli la temperatura. Utilizzate un termometro elettronico (la punta è molto sottile), ricopritelo di vaselina e spingetelo almeno 2 cm nell'ano (altrimenti, rischiate di sottovalutare la temperatura).

1. Se la temperatura è normale (tra 37,5 e 39°C), aprite una nuova confezione o cambiate le crocchette (un cibo servito e non consumato perde rapidamente il sapore), o provate a tentarlo, servendogli il cibo che adora o un nuovo alimento (il gatto ama le novità). Se nelle 24 ore, la sua ciotola è ancora piena, consultate il veterinario.
2. La temperatura non è nella norma (tra 39 e 40°C), ma il gatto si comporta come al solito. Riprovate la temperatura 24 ore dopo. Se non è scesa, consultate il veterinario.

ANSIA. Stato patologico che si manifesta con un'emozione simile alla paura, ma senza ragione apparente.

- **LA SITUAZIONE TIPO:** all'arrivo di un suo simile, il gatto si isola e passa il suo tempo a leccarsi.
- **A COSA PENSA IL GATTO:** «*Me ne sto molto meglio da solo a casa mia!*».

Il consiglio del medico veterinario

L'ansia è caratterizzata da un sentimento di paura di fronte a un pericolo di natura indeterminata. Si distingue dalla paura che è una risposta adattiva a una minaccia reale.

Il gatto ansioso presenta disturbi organici (cardiaci, digestivi, urinari) e comportamentali (anoressia, bulimia, ipervigilanza, irritabilità, aggressività, marcatura, sporcizia, pulizia eccessiva, onicofagia, ipersensibilità della pelle...). L'ansia può essere discontinua o permanente. Non trattata, può degenerare in depressione.

VEDI > AGGRESSIONE PP. 15, 244; ANORESSIA P. 25; ANSIA DA DETERRITORIALIZZAZIONE P. 29; ANSIA IN LUOGO CHIUSO P. 29; BULIMIA P. 41; CONVIVENZA PP. 177, 256; DEPRESSIONE P. 52; AMBIENTE P. 24; IPERSENSIBILITÀ DELLA PELLE P. 74; SPORCIZIA P. 131; MARCATURA P. 88; ONICOFAGIA P. 108; PAURA P. 209; PULIZIA PP. 118, 272.

Ansia da deterritorializzazione. **Ansia derivante da un'alterazione del territorio.**

- **LA SITUAZIONE TIPO:** in seguito a un trasloco, il gatto si mette a urinare, a graffiare i mobili e i muri.
- **A COSA PENSA IL GATTO:** «*Ho perso tutti i miei punti di riferimento!*».

Il consiglio del medico veterinario

La scomparsa di riferimenti territoriali, dopo un trasloco, lavori di tinteggiatura o una sostituzione di mobili, è molto stressante per il gatto e la marcatura urinaria è una reazione normale. Se il convivente umano non lo aiuta a ritrovare i suoi riferimenti, ma, al contrario, lo punisce, questo stato di stress di solito passeggero può degenerare in vera e propria ansia.

VEDI > TRASLOCO P. 142; MARCATURA URINARIA P. 92; STRESS P. 225; TERRITORIO P. 136.

Ansia in luogo chiuso. **Ansia legata al luogo in cui si vive, troppo piccolo e chiuso.**

- **LA SITUAZIONE TIPO:** il gatto corre avanti e indietro per l'appartamento quando cala la sera.
- **A COSA PENSA IL GATTO:** «*Ho bisogno di sfogarmi!*».

Il consiglio del medico veterinario

Questa forma d'ansia si può riscontrare nel gatto d'appartamento che non ha sbocchi verso l'esterno (in particolare se ha vissuto l'infanzia in campagna) o vive solo tutto il giorno o la sua casa è asettica e priva di stimoli. Si manifesta con crisi di follia all'alba o al tramonto, aggressioni da predatore (il gatto, in agguato, balza sulle caviglie dell'umano come se si trattasse di un topo), aggressioni da irritazione, pulizia ossessiva, sporcizia e marcatura urinaria. Le punizioni ricevute, in seguito alle aggressioni, peggiorano le relazioni con l'ambiente circostante e aggravano la situazione.

Alcuni semplici accorgimenti permettono di rendere la vita del gatto d'appartamento più gradevole ed evitano la comparsa di un simile comportamento.

- Se possedete un balcone o una terrazza coperti, lasciate che il vostro gatto vi possa andare.
- Procuratevi un albero per gatti con ogni optional: nascondigli, tiragraffi... Disseminate di giochi la vostra abitazione: tappi appesi, palline di pezza o di gomma, anche semplicemente palline colorate. Meglio orientarsi su giochi di colore blu o verde che rappresentano la frequenza luminosa d'elezione del gatto.
- Sistemategli un angolo davanti alla finestra, accendete il televisore...
- Lasciategli sempre del cibo a disposizione per soddisfare la sua naturale voglia di sgranocchiare durante la giornata.
- Associate l'alimentazione al gioco grazie a palline bucate che rilasciano le crocchette quando vengono manipolate.

VEDI > AGGRESSIONE DA IRRITAZIONE P. 17; ALOPECIA P. 23; APPARTAMENTO P. 32; SPORCIZIA P. 131; MARCATURA URINARIA P. 92; TOPO P. 237; SINDROME DELLA TIGRE P. 126; PULIZIA PP. 118, 272.

Gatto-zen

APPARTAMENTO (VITA IN). Abitazione senza giardino composta da diverse camere e situata in un condominio.

- **LA SITUAZIONE TIPO:** il gatto si arrampica sul suo albero giocattolo.
- **A COSA PENSA IL GATTO:** «*Fantastico, questo campo multi sportivo!*».

Il consiglio del medico veterinario

La vita in appartamento, eccezione fatta per alcune razze come il persiano, abituato da generazioni a vivere in uno spazio ristretto, deve essere particolarmente attenta alle esigenze anche psicologiche del piccolo felino. Per rendere felice il vostro gatto domestico, dovete fare in modo che possa esprimere il proprio comportamento naturale.

Cacciare: il gatto è un predatore. Comprategli dei giocattoli che assomiglino alle sue prede naturali, ma anche palline di pezza, oppure in carta d'alluminio o un tappo andranno benissimo; giocate con lui più volte durante la giornata.

Sgranocchiare: il gatto ama sgranocchiare. Nella giornata può fare fino a 16 pasti. Per tenerlo occupato durante la vostra assenza, nascondete in casa diverse piccole ciotole che avrete riempito con delle crocchette. State però attenti a non superare la quantità giornaliera raccomandata; altrimenti, occhio all'obesità!

Dormire: il gatto dorme dalle 12 alle 16 ore al giorno. Ama le comodità e la varietà. Mettetegli diversi cesti e coperte in posti diversi: vicino al termosifone, davanti alla finestra…

Fare attività fisica: il gatto ama l'attività fisica. Regalategli un grande albero per gatti dove eserciterà le sue abilità di scalatore. Alcuni sono composti anche di tiragraffi, nascondigli, zona gioco, cuccia per riposarsi… Aumentate la superficie a disposizione del vostro gatto installando o liberando alcuni ripiani.
Graffiare: graffiare fa parte del comportamento di marcatura abituale del gatto. Il tiragraffi ideale è stabile, ricoperto di un materiale invitante, di solito del sisal, e abbastanza alto perché il gatto possa stirarsi in tutta la sua lunghezza. Posizionatelo vicino ai luoghi dove si riposa e nelle zone di passaggio.
Nascondersi e osservare: il gatto adora acquattarsi e sorvegliare proprio territorio senza essere visto. Sistemategli un posto tra due file di libri nella biblioteca…
Eliminare: il gatto ama fare i suoi bisogni in tutta intimità. Sistemate la sua lettiera in un angolo tranquillo, accessibile e a una distanza minima di 2 metri dalla sua ciotola. Detesta mangiare dove fa i suoi bisogni. Eliminate inoltre le feci tutti i giorni e lavate la lettiera con della candeggina una volta la settimana. Il gatto è un maniaco della pulizia.

VEDI > ANSIA IN LUOGO CHIUSO P. 29; CIOTOLA P. 47; TIRAGRAFFI P. 233; LETTIERA P. 82; OBESITÀ P. 102; SPORCIZIA P. 131; SONNO P. 128.

APPETITO.

VEDI > ALIMENTAZIONE PP. 21, 158; ANORESSIA P. 25; BULIMIA P. 41; DEPRESSIONE P. 52; SINDROME DELLA TIGRE P. 126.

ASCESSO. Raccolta di pus ben delimitata all'interno di un tessuto o di un organo.

- **LA SITUAZIONE TIPO:** il gatto rientra a casa con il muso gonfio e un occhio chiuso.
- **A COSA PENSA IL GATTO:** «*Dopo la lezione che gli ho dato, mi auguro che il gatto del vicino non verrà più a sfidarmi nel mio territorio*».

Il consiglio del medico veterinario

Gli ascessi sono causati dall'inoculazione di batteri in seguito a un morso, un graffio, una puntura, alla penetrazione di un corpo estraneo (spiga) o di una ferita. I gatti maschi non sterilizzati ne sono particolarmente soggetti. I vincitori presentano spesso degli ascessi sul muso e agli arti anteriori, e i vinti alla base della coda e sulla schiena.

L'ascesso si presenta come una tumefazione calda, dolorosa e arrossata che poi matura e diviene fluttuante. Quando si trova a livello della guancia, provoca una deformazione impressionante del muso e la chiusura dell'occhio.

Se non si fa nulla, l'ascesso finisce per aprirsi spontaneamente in superficie, lasciando colare un pus denso, nauseabondo, siero sanguinolento e abbondante. Una visita permetterà al medico veterinario di scegliere la terapia più adatta.

VEDI > RIVALITÀ MASCHILE P. 280; STERILIZZAZIONE DEL MASCHIO P. 224.

AUTOMOBILE. Veicolo motorizzato che consente di trasportare persone, animali e carichi.

- **LA SITUAZIONE TIPO:** il gatto, tutte le unghie fuori, si rifiuta di salire sull'auto.
- **A COSA PENSA IL GATTO:** «*Non voglio salire su quella macchina da vomito!*».

Il consiglio del medico veterinario

La fobia dell'auto è spesso associata a un evento spiacevole. Il gatto può esser stato male nell'auto e di conseguenza aver ricevuto una punizione (grave errore) o non esserci salito se non per motivi spiacevoli (abbandono della casa di origine, visita veterinaria). Per evitare questa fobia, è consigliabile abituare il gattino, dai 2 mesi d'età, al trasportino e all'automobile.

Per attrarre sull'auto i più recalcitranti, sistemate dei giochi all'interno della vettura quando è ferma e poi avviate il motore e distribuire delle prelibatezze. Perché il trasportino sia sicuro, sistematelo sul pavimento o sul sedile, bloccandolo con la cintura di sicurezza.

Non lasciate mai il vostro gatto da solo in macchina. In estate, sono sufficienti pochi minuti a far salire la temperatura all'interno della vettura al di sopra dei 40 °C. Il gatto rischia allora un colpo di calore fatale.

VEDI > TRASPORTINO P. 144; MAL D'AUTO P. 86; FOBIA P. 63; VETERINARIO P. 152.

MIAOOOOOOO
GATTI A BORDO
AB 123 CD

BAFFI - VIBRISSE. Insieme di peli tattili, lunghi e dritti, situati in entrambi i lati del muso dei gatti.

- **LA SITUAZIONE TIPO**: il gatto di fronte a un passaggio stretto spiega le sue vibrisse a ventaglio.
- **A COSA PENSA IL GATTO:** «*Vediamo se riesco a passare*».

Il consiglio del medico veterinario

Il gatto possiede, in entrambi i lati del naso, su quattro file, una quindicina di peli. Questi lunghi peli dritti, chiamati «vibrisse», hanno radici profonde nella pelle e alla loro base sono presenti una fitta rete di terminazioni nervose. Grazie a dei piccoli muscoli situati alla loro base, il gatto è in grado di orientarsi a suo piacimento, avanti o indietro. Estremamente sensibili, le vibrisse gli segnalano il minimo movimento o spostamento d'aria.

Inoltre, permettono al gatto di localizzare oggetti, di individuare oggetti al buio, di infilarsi in passaggi molto stretti e di cacciare con estrema abilità. Al contatto con la preda, ancora prima che il gatto la catturi, le vibrisse gli forniscono informazioni precise su dove deve colpirla.

Indicano inoltre l'umore del gatto:

- Rivolte in avanti a ventaglio: «Sono in azione».
- Stese di lato: «Sono rilassato».
- Appiattite contro le guance: «Ho paura».

La dimensione dei baffi variano: sono lunghi nel gatto europeo, corti e leggermente arricciati nel rex cornish e assenti nello sfinge. Altre vibrisse, più discrete, si trovano al di sopra degli occhi, le guance e il mento, anche all'estremità delle zampe anteriori. State tranquilli: se tagliate accidentalmente i baffi del vostro gatto, ne cresceranno degli altri. Tuttavia, durante la ricrescita, il gatto avrà difficoltà a muoversi di notte. Quindi fate molta attenzione alle sue vibrisse!

VEDI > CACCIA PP. 43, 169.

BEVANDA.

VEDI > ACQUA P. 14; LATTE P. 196.

BULIMIA. Disturbo del comportamento alimentare che si manifesta ingerendo una grande quantità di cibo.

- **LA SITUAZIONE TIPO:** il gatto, ansioso e obeso, ingoia avidamente tutto il cibo nella ciotola.
- **A COSA PENSA IL GATTO:** «*Mangiare mi dà sollievo*».

Il consiglio del medico veterinario

La bulimia può essere provocata da una razione troppo appetitosa o non sufficientemente ricca (da qui il sentirsi obbligati a consumare in abbondanza) ma a volte è rivelatrice di uno stato ansioso o di una depressione. Dà la possibilità al gatto di alleviare il proprio malessere.

Altre patologie si manifestano con un feroce appetito: il parassitismo intestinale, più frequente nei cuccioli, (i parassiti si nutrono di parte della razione), il diabete (sempre più diffuso, che si manifesta con un aumento di appetito e sete) e più raramente alcune malattie ormonali come l'ipertiroidismo. La bulimia può anche essere provocata dall'umano che sopravvaluta i bisogni del proprio gatto e gli offre cibo molto nutriente a volontà o che mal interpreta i suoi miagolii e insistenze.

A questo bisogna aggiungere che la maggior parte di noi ama veder mangiare il proprio gatto. Per evitarlo, optate per un'alimentazione self-service con le crocchette, pesate la razione giornaliera e controllate il peso del gatto. In ogni caso, una dieta ipocalorica, inevitabile per un gatto obeso, deve essere associata alla ricerca delle cause (alimentari, organiche o comportamentali) della bulimia. In particolare, sarà necessario sottoporlo a esami di laboratorio (analisi delle urine, del sangue...).

VEDI > ALIMENTAZIONE PP. 21, 158; ANSIA P. 28; DEPRESSIONE P. 52; DIABETE MELLITO P. 55; IPERTIROIDISMO P. 81; MIAGOLIO P. 94; OBESITÀ P. 102; RITUALE PP. 121, 276, STERILIZZAZIONE DEL MASCHIO P. 224.

CACCIA. Atto dell'inseguire, catturare e uccidere.

- **LA SITUAZIONE TIPO:** il gatto posa la sua preda sulla poltrona del salotto.
- **A COSA PENSA IL GATTO:** «*Ecco un posto tranquillo per mangiarlo!*».

Il consiglio del medico veterinario

In natura, il gatto caccia per nutrirsi. Una volta che ha catturato la sua preda, se ne ciba sul posto, o la nasconde per mangiarla, in tutta sicurezza, al sicuro dai predatori: altrimenti, la porta nel suo rifugio per nutrire i gattini.

Oggi, nonostante sia ben nutrito, il gatto domestico ha mantenuto l'istinto venatorio, anche se la motivazione primaria non è più sfamarsi, ma la caccia in se stessa. Lascia allora la preda sul posto, o la porta a casa, dove depone il suo sventurato «trofeo» sullo zerbino, il tavolo della cucina, la poltrona, perfino il letto. Sono numerose le ipotesi che tentano di spiegare questo comportamento: portare a casa il proprio gioco vivente, mangiare tranquillamente la propria preda senza essere disturbato, metterla al sicuro per consumarla in seguito o anche insegnare l'arte della caccia al proprio umano, come fa la mamma con i suoi gattini.

VEDI > CACCIA P. 169.

Hiiiiiiiiiiiiii!
É per te!
Regalo!

CADUTA. Incidente che può capitare al gatto e che si manifesta con un urto più o meno violento al suolo.

- **LA SITUAZIONE TIPO:** dopo esser caduto, il gatto si rialza zoppicando e perdendo sangue dal naso.
- **A COSA PENSA IL GATTO:** «*Ho fatto un brutto atterraggio!*».

Il consiglio del medico veterinario

Il gatto adora passare molte ore sul bordo del balcone o sul davanzale della finestra a guardare lo spettacolo della natura. Per fortuna, il gatto possiede un senso dell'equilibrio molto sviluppato. Quando cade sulla schiena, può rimettersi in piedi in meno di mezzo secondo. È sufficiente un'altezza di 1,50 metri perché riesca a ritrovare l'equilibrio. Ne è invece incapace se cade verticalmente sulla testa o sul sedere.

Dopo 18 metri di caduta (circa 8 piani), la sua velocità si stabilizza fino a raggiungere dai 60 ai 90 km/h. Ecco perché oltre gli 8 piani, la gravità delle lesioni non dipende più dall'altezza, ma dalla velocità d'impatto, dalle capacità fisiche del gatto, e soprattutto dalla durezza del suolo. Variano da un semplice dente rotto a fratture della mascella, del palato, del torace, degli arti o del bacino, fino alla morte. In caso di caduta rivolgetevi sempre al medico veterinario: alcune lesioni possono essere poco evidenti, ma molto gravi.

VEDI > ANSIA IN LUOGO CHIUSO P. 29; APPARTAMENTO P. 32.

SUPER
CAT

CIOTOLA. Recipiente curvo di diversi materiali in cui il gatto mangia o beve.

- **LA SITUAZIONE TIPO:** il gatto guarda, con espressione disgustata, la nuova ciotola di plastica piena di cibo.
- **A COSA PENSA IL GATTO:** «*Questa ciotola di plastica mi toglie l'appetito!*».

Il consiglio del medico veterinario

Il gatto non è solo sensibile all'odore, al gusto e alla consistenza del cibo, ma anche al contenitore. Per fargli cosa gradita, optate per una ciotola molto stabile e leggermente curva, di vetro, maiolica o porcellana. È adatto anche l'acciaio inossidabile, ma se volete riscaldare rapidamente il piatto del vostro gatto, ha l'inconveniente di non poter essere utilizzabile nel microonde. Evitate la plastica che a volte sprigiona un odore

sgradevole, si riga col tempo e diventa più difficile da pulire. Sistemate la ciotola in un luogo accessibile sia di giorno che di notte e lontano almeno 2 metri dalla lettiera.

Per far fare dell'esercizio al vostro gatto, potete mettere la ciotola in alto. Gli eviterà inoltre di essere disturbato se convive con un cane goloso.

Se avete più gatti, mettete loro a disposizione un numero di ciotole per il cibo e per l'acqua quanti sono i gatti più una e sceglietele in diverse fantasie. Infine, per evitare i cattivi odori, lavatele tutti i giorni.

VEDI > ALIMENTAZIONE PP. 21, 158; ACQUA P. 14; GUSTO P. 75; LETTIERA P. 82; OLFATTO P. 106; PASTO (LUOGO DEI) P. 115.

CISTITE. Infezione della vescica.

- **LA SITUAZIONE TIPO:** Il gatto si reca più spesso del solito nella lettiera.
- **A COSA PENSA IL GATTO:** «*Ho una voglia terribile di urinare*».

Il consiglio del medico veterinario

La cistite è un'infiammazione della parete della vescica. Il gatto malato urina con maggiore frequenza, con dolore e in piccole quantità. L'urina è a volte macchiata di sangue. Il gatto si lecca il pene o la vulva e spesso non si pulisce.

La cistite può essere provocata da un'infezione o dalla presenza di calcoli urinari, anche se a volte le cause dell'infiammazione rimangono sconosciute. In questo caso si parla di «cistite idiopatica». Lo stress (trasloco, tutti i cambiamenti di lettiera, di cibo, di convivenza...) è una delle principali cause della sua comparsa.

Se notate che il vostro gatto resta a lungo nella lettiera senza far nulla o emette un miagolio, è necessario al più presto una visita per identificare la causa della mancata urinazione.

VEDI > CONVIVENZA PP. 177, 254; TRASLOCO P. 142; LETTIERA P. 82; SPORCIZIA P. 131, STRESS P. 225.

CODA. Estremità posteriore del corpo, più o meno lunga e folta a seconda della razza del gatto, il cui asse scheletrico è un prolungamento della colonna vertebrale.

- **LA SITUAZIONE TIPO:** il gatto, la coda alta e dritta, si avvicina lentamente a un ospite.
- **A COSA PENSA IL GATTO:** «*Vengo come amico*».

Il consiglio del medico veterinario

La coda è essenziale per l'equilibrio del gatto. Gli serve da bilanciere per saltare o spostarsi sui tetti e gli permette di ritrovare l'equilibrio quando cade inavvertitamente. Come le orecchie, è un ottimo barometro delle emozioni.

- Bassa e tra le gambe: «Ho paura».
- Bassa e a «U»: «Sono appostato».
- Bassa e arruffata: «Sono pronto a difendermi».
- Alta e arruffata: «Sono pronto ad attaccare».
- Alta e liscia: «Sono rilassato».
- Coda di una femmina piegata alla base e spostata di lato: «Sono in calore».
- Agitata da ampi movimenti: «Sono nervoso».

Alcune razze, come il bobtail giapponese, hanno un mozzicone di coda o in altre è del tutto assente come nel gatto dell'isola di Man (o manx). Questa malformazione li priva di un mezzo d'espressione importante.

VEDI > AGGRESSIONE PP. 15, 244; CALORE P. 252; CACCIA PP. 43, 169; GOBBA P. 262; ORECCHIO P. 110.

CORIZA. Infezione comune nel gatto che si manifesta con scolo nasale e starnuti.

- **LA SITUAZIONE TIPO:** il gatto starnutisce, ha gli occhi che colano, il naso tappato e si rifiuta di mangiare.
- **A COSA PENSA IL GATTO:** «*Questo cibo è inodore!*».

Il consiglio del medico veterinario

La coriza indica una malattia infettiva che colpisce gli occhi, la bocca e l'apparato respiratorio del gatto. I principali agenti di infezione sono il virus dell'*herpes* e il *calicivirus* e un batterio (*Chlamydia Psittaci*). La contaminazione tra gatti avviene principalmente da contatto diretto (naso a naso) e tramite starnuti. I sintomi sono febbre, starnuti e scolo nasale e lacrimale e variano a seconda dell'agente virale responsabile. La mancanza di appetito a causa della perdita dell'olfatto è sistematica. Se non curata, le narici si ostruiscono, gli occhi sono incollati da secrezioni secche e l'infezione può aggravarsi a danno di trachea, bronchi e polmoni. Una volta guariti, alcuni gatti restano portatori del virus e soggetti a recidive. In seguito a stress, il virus può essere di nuovo espulso per secrezione e contaminare altri gatti. La migliore prevenzione è il vaccino. La prima iniezione si fa intorno all'8ª settimana e il richiamo la 12ª. La frequenza dei richiami successivi sarà decisa dal medico veterinario a seconda del tipo di vita del gatto (luogo, contatto con altri gatti).

VEDI > ALIMENTAZIONE PP. 21, 158; ANORESSIA P. 25; OLFATTO P. 106; STRESS P. 225.

DENTI.

VEDI > BATTERE DEI DENTI P. 166; PLACCA E TARTARO DENTALI P. 116.

DEPRESSIONE. Disturbo dell'umore (tonalità affettiva che colora la percezione del mondo) caratterizzata da mancanza di energia, perdita di interesse e disturbi del sonno e dell'appetito.

Nel gatto la depressione è molto meno frequente dell'ansia. Si manifesta con senso di tristezza, indifferenza verso l'ambiente e riduzione dell'attività. La depressione può essere acuta o cronica.

Depressione acuta. **Depressione causata da un evento traumatico.**

- **LA SITUAZIONE TIPO:** in seguito alla perdita del proprio amico umano, il gatto non mangia più e deperisce.
- **A COSA PENSA IL GATTO:** «*Non trovo più gusto a vivere*».

Il consiglio del medico veterinario

La depressione acuta si verifica in seguito a un violento stress: aggressione, perdita del convivente umano o di un simile, abbandono, soggiorno in pensione, ferita, ospedalizzazione, malattia o cure dolorose…

Si manifesta con uno stato di prostrazione intensa. Il gatto non mangia più, si nasconde sotto i mobili, non gioca più, non cerca il contatto con i propri umani, fa i suoi bisogni dove si trova o resta per ore nella lettiera senza muoversi, non si pulisce più e dorme tutto il tempo.

È urgente rialimentare il gatto per evitare lesioni gravi al fegato, soprattutto in presenza di animali obesi o diabetici. In questo caso è necessario consultare un medico veterinario esperto in comportamento animale.

VEDI > ANORESSIA P. 25; DEPRESSIONE CRONICA P. 54; DIABETE MELLITO P. 55; OSPEDALIZZAZIONE P. 205; FARMACO P. 189; OBESITÀ P. 102; PENSIONE P. 211.

Depressione cronica. **Stato depressivo permanente senza la possibilità d'identificarne la precisa causa.**

- **LA SITUAZIONE TIPO:** il gatto, irritabile, passa il suo tempo a rosicchiarsi le unghie e si sveglia la notte.
- **A COSA PENSA IL GATTO:** «*Quanto è dura la vita!*».

Il consiglio del medico veterinario

La depressione cronica può seguire a una depressione acuta o a una forma d'ansia permanente non curata. Malattie ormonali, lesione o invecchiamento celebrale possono inoltre esserne la causa. Il gatto depresso trascura la pulizia e passa invece ore a leccarsi alcune parti del corpo o a rosicchiarsi le unghie.

I sintomi possono essere: alterazione del sonno (risveglio notturno) e dell'appetito (alternanza di bulimia e anoressia), irritabilità, indifferenza all'ambiente che lo circonda e spesso mancanza di pulizia. Questo compromette spesso il rapporto con il convivente umano, fattore che aggrava ulteriormente il suo stato. È indispensabile rivolgersi a un medico veterinario esperto in comportamento animale.

Inoltre è necessario pettinare e spazzolare il gatto tutti i giorni perché mantenga un bel pelo e per evitare la formazione di nodi; fargli amare nuovamente la vita con sedute di carezze e varie attività e fare in modo che si possa riposare in un luogo tranquillo.

VEDI > ALOPECIA P. 23; ANSIA P. 28; BULIMIA P. 41; DEPRESSIONE ACUTA P. 52; ONICOFAGIA P. 108; SENILITÀ P. 123; STRESS P. 225.

DIABETE MELLITO. Malattia cronica i cui sintomi più evidenti sono: aumento dell'appetito e della sete, consistente aumento della produzione di urina.

- **LA SITUAZIONE TIPO:** il gatto svuota la ciotola dell'acqua più volte nella giornata, urina troppo frequentemente, ha molto appetito, perde peso.
- **A COSA PENSA IL GATTO:** «*Ho sempre una gran sete*».

Il consiglio del medico veterinario

Il diabete è una malattia in pieno sviluppo. Un studio recente condotto nel Regno Unito indica che il numero di gatti diabetici negli ultimi 30 anni è quintuplicato. Questa patologia è causata dall'incapacità da parte dell'organismo di produrre insulina o di servirsene in modo adeguato. È caratterizzata da un aumento anormale e permanente del tasso di glucosio nel sangue (glicemia), associato alla presenza di glucosio nelle urine (glicosuria). Può colpire gatti di ogni età, sesso e razza. I gatti anziani sono i più predisposti e sono più frequentemente colpiti i maschi.

Nei primi stadi della malattia, il gatto presenta un appetito vorace, beve e urina in gran quantità. Se non curato, dimagrisce, ha problemi digestivi, alterazioni del pelo e un'andatura plantigrada. Per avere conferma della diagnosi, è opportuno misurare il livello di glicemia e il tasso di glucosio nelle urine.

VEDI > ANORESSIA P. 25; BULIMIA P. 41; OBESITÀ P. 102; SETE P. 124.

DISTANZA CRITICA E DISTANZA DI FUGA. Distanza da rispettare se si vogliono evitare reazioni ostili o sgradevoli.

- **LA SITUAZIONE TIPO:** il gatto, chiuso nel suo trasportino, vedendo la mano del medico veterinario che tenta di prenderlo, soffia, ha le orecchie abbassate, la bocca aperta e le pupille dilatate.
- **A COSA PENSA IL GATTO:** «*Se ti avvicini ancora, mordo!*».

Il consiglio del medico veterinario

La distanza di fuga (o di sicurezza) è il limite al di sotto del quale il gatto ha paura e reagisce fuggendo o con un comportamento minaccioso per mantenere al di fuori di questo limite un individuo che considera pericoloso. La distanza critica è il limite al di sotto del quale il gatto, per paura, se non può fuggire, non ha altra scelta che attaccare l'intruso per difendersi o fare il morto. Delimitata l'area dell'aggressione, in presenza della persona con cui vive o di quelle a lui familiari, la distanza critica del gatto è nulla, e il gatto si lascia avvicinare, accarezzare e prendere in braccio senza difficoltà.

In presenza di uno sconosciuto, la distanza di sicurezza può arrivare a un metro o più. Se questi supera tale limite e se il gatto non può fuggire né nascondersi, le uniche soluzioni disponibili sono attaccare o fare il morto. Ad esempio, è il caso in cui il gatto, chiuso nel suo trasportino, vede il medico veterinario che non conosce e che tenta di prenderlo. Se il gatto decide di affrontarlo e la paura lo attanaglia, potrebbe anche morderlo.

VEDI > AGGRESSIONE DA DISTANZIAMENTO P. 245; AGGRESSIONE DA PAURA P. 18; PERIODO DI SOCIALIZZAZIONE P. 212; PAURA P. 209; VETERINARIO P. 152.

DOLORE. Sensazione dolorosa, spiacevole che si sente in una o più parti del corpo.

- **LA SITUAZIONE TIPO:** il gatto, con una frattura, è prostrato in un angolo, non si pulisce, non ha appetito e fugge o aggredisce se gli si tocca l'arto fratturato.
- **A COSA PENSA IL GATTO:** «*Mi fa male!*».

Il consiglio del medico veterinario

Il gatto esprime il dolore in diversi modi:
Il comportamento: il gatto è agitato, aggressivo o depresso. Trema o ha fremiti. Si nasconde in un angolo, rifiuta di essere accarezzato, non risponde se chiamato per nome, non reagisce ai rumori. Non si pulisce, urina o si defeca addosso. Non riesce a prendere sonno ma può continuare a fare le fusa, anche fino alla morte, qualunque sia l'intensità del dolore.
Il modo di muoversi: si alza con difficoltà, zoppica, tiene la schiena curva, si muove lentamente, non salta né si stira. Rifiuta di spostarsi e resta nella stessa posizione per molte ore.
Le reazioni alle cure: non sopporta di essere toccato dove ha la cicatrice postoperatoria o nella zona della ferita. Quando riceve le cure, soffia, graffia e morde. Cerca di togliersi la medicazione.
L'appetito: non mangia o si ferma ogni due o tre bocconi. Il controllo del peso, dopo un intervento chirurgico, è un buon criterio di valutazione del dolore.
Il ritmo cardiaco e respiratorio: la frequenza cardia-

ca aumenta, il respiro è superficiale e accelerato. Le pupille sono dilatate.

VEDI > AGGRESSIONE DA IRRITAZIONE P. 17; ANORESSIA P. 25; CAREZZA P. 71; DEPRESSIONE P. 52; SPORCIZIA P. 131; NOME P. 202; FUSA (FARE LE) P. 65; SONNO P. 128; PULIZIA PP. 118, 272.

ERBA GATTAIA. Pianta aromatica della famiglia della menta che attira irresistibilmente la maggior parte dei gatti.

- **LA SITUAZIONE TIPO:** il gatto si rotola sulla nepeta cataria del giardino.
- **A COSA PENSA IL GATTO:** «*Che sballo, quest'odore!*».

Il consiglio del medico veterinario

Alcune piante hanno la capacità di far andare fuori di testa il gatto. È il caso dell'ulivo, del papiro, della mimosa, del kiwi e dell'asparago ma soprattutto di alcune piante aromatiche come il timo, la valeriana e la nepeta cataria. Quest'ultima, chiamata «erba gattaia» o «menta del gatto» (il suo odore ricorda quello della menta), contiene una molecola odorante (il nepetalactone) simile al LSD. Non appena le si avvicina, il gatto dà i numeri. L'annusa, la lecca, la mordicchia, le si struscia contro, si mette a rotolarsi sulla schiena e ha le pupille dilatate. Poi si pulisce, prima di ritrovare la calma. Tranquillizzatevi, a differenza delle droghe, questa pianta non ha alcun effetto nefasto sulla salute del gatto; alcuni gatti ne sono totalmente insensibili.

***Erba gatta sostitutiva.* L'erba gattaia non va confusa con l'erba gatta, miscela di germogli di cereali che facilitano il gatto nella digestione e nel rigurgitare il pelo.**

- **LA SITUAZIONE TIPO:** il gattino d'appartamento mangia i nuovi germogli in un vasetto.

A COSA PENSA IL GATTO: «*Che bello, un giardinetto interno!*».

Il consiglio del medico veterinario

Di solito, l'erba venduta nei negozi di articoli per animali come erba gatta, è una miscela di cereali (orzo, avena, grano e segale). Anche se quest'erba non ha la stessa proprietà eccitante dell'erba gattaia, è tuttavia molto apprezzata dalla maggior parte dei gatti, soprattutto quelli che non hanno la possibilità di accedere a un pezzo di giardino. Il suo consumo aiuta a rigurgitare le palline di pelo accumulate nello stomaco, e le fibre che contiene facilitano il transito intestinale. Non ha invece alcuna azione contro i parassiti intestinali.

VEDI > PALLE DI PELO P. 113; ERBA GATTAIA P. 60.

FAME.

VEDI > CIBO (RICHIESTA DI) P. 173; SINDROME DELLA TIGRE P. 126.

FLEHMEN. Smorfia particolare del gatto che gli permette di stimolare un particolare organo dei sensi (l'organo vomero-nasale) e di percepire i feromoni.

- **LA SITUAZIONE TIPO:** il labbro superiore sollevato, la bocca socchiusa, il gatto annusa attentamente la marcatura che ha lasciato urinando una gatta in calore.
- **A COSA PENSA IL GATTO:** «*Questo odore mi eccita!*».

Il consiglio del medico veterinario

Per analizzare i feromoni presenti nell'ambiente circostante, il gatto possiede un organo olfattivo specializzato: l'organo vomero-nasale. Si trova sul pavimento delle cavità nasali e comunica con la cavità orale attraverso un condotto situato dietro gli incisivi superiori. Perché l'aria penetri all'interno, il gatto fa ricorso a una particolare smorfia: il flehmen. Socchiude la bocca, ritrae il labbro superiore, fa brevi inspirazioni e appoggia la lingua sul palato per captare meglio i feromoni. Questo comportamento è molto più frequente nel maschio che nella femmina. È scatenato dalla presenza di feromoni, in particolare da quelli che si trovano nelle urine delle femmine in calore, che danno il via, nel gatto recettore, a tutta una serie di comportamenti sessuali. È ovvio che il malfunzionamento dell'organo vomero-nasale, in seguito a una malattia dell'apparato respiratorio o a una lesione delle cavità nasali, sarà causa di seri problemi relazionali del gatto con i propri simili.

VEDI > CALORE P. 252; FEROMONI P. 258.

FOBIA. Paura eccessiva generata dalla presenza o dall'idea anticipata di un oggetto o di una situazione specifica.

- **LA SITUAZIONE TIPO:** il gatto corre a nascondersi sotto un mobile quando vede il medico veterinario.
- **A COSA PENSA IL GATTO:** «*Scappiamo, non mi fido!*».

Il consiglio del medico veterinario

La fobia è una reazione di paura esagerata di fronte a un evento della vita quotidiana. Può comparire nel gattino che è stato adottato tardivamente, e nell'adulto in seguito a un evento traumatico. Di fronte a uno stimolo (aspirapolvere, automobile, veterinario…), il gatto fobico scappa, si avvicina all'umano con cui vive, fa il morto, inizia a soffiare o ad aggredire per paura. Il cuore inizia a battere all'impazzata, può salivare abbondantemente, urinare o avere la diarrea.

Le fobie più frequenti riguardano gli esseri umani (bambini, adulti) e i rumori forti (automobile, motorino, detonazione…). Con il tempo, il gatto può anticipare lo stimolo e associarne a questo altri, un luogo, un rumore, un contesto: la fobia diventa allora sempre più difficile da gestire.

In questo modo, la fobia della tempesta può indurre quella della pioggia, o quella del medico veterinario può essere all'origine di quella dell'auto e del trasportino.

VEDI > TRASPORTINO P. 144; AMBIENTE P. 24; LAMENTO E SOFFIATA P. 194; PERIODO DI SOCIALIZZAZIONE P. 212; PAURA P. 209; SPAZIO DEI GIOCHI P. 220; VETERINARIO P. 152; AUTOMOBILE P. 37.

FUSA. Vibrazione profonda emessa dal gatto per manifestare un'emozione intensa.

- **LA SITUAZIONE TIPO:** il gatto fa le fusa sul tavolo del medico veterinario.
- **A COSA PENSA IL GATTO:** «*Mi fido*».

Il consiglio del medico veterinario

Dal gatto domestico al leone passando per il giaguaro e la tigre, tutti i felini fanno le fusa.

Un meccanismo complesso: nonostante le numerose ricerche effettuate, le fusa restano ancora un mistero. Alcuni studi sostengono che siano prodotte da un movimento turbolento del sangue nella vena cava che porta il sangue al cuore. Queste turbolenze provocherebbero delle vibrazioni in tutto il corpo e sarebbero amplificate a livello delle vie respiratorie e delle cavità nasali. Per altri, sono vibrazioni che si manifestano nella laringe. Questa ipotesi è sostenuta dal fatto che un gatto con una paralisi alla laringe non fa più le fusa o che è sufficiente fare una lieve pressione sulla laringe del gatto perché questo smetta di farle.

Un mezzo di comunicazione: il gatto incomincia a fare le fusa a partire dal 2° giorno di vita. Nelle specie selvatiche, le fusa si limitano principalmente agli scambi tra madre e piccoli, in particolare al momento della poppata, delle coccole o della pulizia. Al contrario, nel gatto domestico, le fusa continuano per tutta la vita. Tutte le occasioni sono buone per fare le fusa. Questa è una delle ragioni per cui amiamo il gatto.

Ma perché fa le fusa?
RRRRRRRRRROOOOOOOOOONNoo
RRRRRRRR
Elementare, Watson!

Fa le fusa quando lo si accarezza, quando si strofina sulle gambe, quando si pulisce, all'ora dei pasti, per svegliare l'umano con cui vive, per sedurre il gatto del quartiere, ma anche in situazioni meno piacevoli. Può capitare spesso di sentire un gatto malato, ferito o perfino agonizzante che fa le fusa. Forse servono per chiedere aiuto alla madre, ringraziare chi si prende cura di lui o dimostrargli che si fida. In ogni caso, esprimono un'emozione intensa.
virtù terapeutiche: studi recenti sono giunti alla conclusione che le vibrazione di bassa frequenza emesse durante le fusa hanno proprietà curative. In particolare possono alleviare il dolore, velocizzare il recupero muscolare e la cicatrizzazione ossea. Questa scoperta spiega perché i gatti abbiano un recupero molto più veloce dei cani dopo un intervento chirurgico. Oltre a queste virtù autocurative, le fusa hanno un effetto positivo anche sugli esseri umani, diminuiscono la pressione arteriosa, riducendo così il rischio di disturbi vascolari. Hanno inoltre un effetto calmante sul feto agitato nel ventre della madre.

VEDI > CAREZZA P. 171; FETO P. 191; PASTO P. 114; RISVEGLIO MATTUTINO P. 119; TOILETTE PP. 138, 235; VETERINARIO P. 152.

GATTAIOLA. Piccola apertura nella parte bassa di una porta o di un muro per facilitare gli spostamenti del gatto.

- **LA SITUAZIONE TIPO:** il gatto miagola dietro al vetro.
- **A COSA PENSA IL GATTO:** «*Aprimi la porta!*».

Il consiglio del medico veterinario

Per il gatto il giardino è un meraviglioso campo da gioco e da esplorazione. Se ha la possibilità di accedervi, instaurerà presto un piccolo rituale per farvi capire che vuole entrare o uscire. Per esempio, può sedersi tranquillo davanti alla porta e miagolare, saltare sulla porta o mettersi a grattare la finestra. Questo rituale può in breve diventare difficile da gestire, soprattutto quando ha luogo la mattina presto o nel bel mezzo della notte. Se volete evitare di giocare al portiere, la soluzione migliore è quella di investire in una gattaiola. Sono disponibili diversi modelli, dalla semplice porta a battente a quella più sofisticata dotata di controllo d'accesso. Quest'ultima permette di entrare in casa solo ai gatti dotati di una chiave elettronica installata sul collare ed evita che gli altri gatti del quartiere ne approfittino. Inoltre, alcune possiedono un indicatore di passaggio che vi segnala se il vostro gatto è effettivamente rientrato!

Per abituare il vostro compagno alla gattaiola, cominciate con il lasciarla aperta e attiratelo verso l'esterno con una leccornia. Abbassate progressivamente lo sportellino della gattaiola per insegnargli a spingerla.

Occorre comunque essere consapevoli che sebbene il gatto, specialmente se sterilizzato, non tenda a allontanarsi troppo, potrebbe anche concedersi passeggiate più lunghe. Può dimostrarsi utile mettere al gatto un collarino con il vostro numero telefonico che permetterà di rintracciarvi in caso di necessità.

VEDI > RITUALE PP. 121, 276.

GATTO CHE MORDE QUANDO VIENE ACCAREZZATO. Aggressione improvvisa del gatto all'amico umano che lo sta accarezzando.

- **LA SITUAZIONE TIPO:** il gatto, in grembo, si gira e morde improvvisamente la mano di chi lo sta accarezzando.
- **A COSA PENSA IL GATTO:** «*Non sopporto più le tue carezze!*».

Il consiglio del medico veterinario

Accoccolato tranquillamente sulle ginocchia, il gatto fa le fusa mentre lo si accarezza, poi improvvisamente si gira per morderci o graffiarci. Scappa allora di corsa, si ferma e presenta un'ondulazione singolare della pelle della schiena oppure inizia a pulirsi.

Quest'aggressione da irritazione, incomprensibile a priori, avviene quando il gatto non sopporta più il contatto. La ricca innervazione sensoriale del gatto lo rende molto sensibile alle carezze fino diventare irritabile se si protraggono troppo a lungo. Un po' come se avesse un soglia massima di carezze che non può essere superata. È importante quindi avere l'accortezza di diluirle nel tempo ed esercitarle in più momenti della giornata. Più il gatto sarà accarezzato da cucciolo (prima dei 9 mesi), più sarà coccolone. Se non è il caso del vostro gatto, sospendete le carezze quando notate i segnali che anticipano un'aggressione (pupille dilatate, battito della coda, rigidità del corpo, orecchie all'indietro), ed evitate di accarezzarlo sulla pancia o contropelo. Cominciate con lo sfiorargli la guancia, poi, se ve lo permette, prolungate il tempo di contatto e accarezzatelo sul resto del corpo. Con pazienza, potrete aumentare progressivamente la durata delle carezze.

VEDI > AGGRESSIONE DA IRRITAZIONE P. 17; CAREZZA P. 171; FETO P. 191; IPERSENSIBILITÀ DELLA PELLE P. 80.

GESTAZIONE. Periodo in cui i cuccioli si sviluppano nell'utero.

- **LA SITUAZIONE TIPO:** la gatta gravida cerca insistentemente la compagnia del proprio convivente umano.
- **A COSA PENSA IL GATTO:** «*La tua presenza mi tranquillizza*».

Il consiglio del medico veterinario

La gestazione dura in media 63 giorni. Alcuni segnali che ci inducono a pensare che l'evento sia vicino:
Cambiamento del comportamento: la gatta è più calma, si disinteressa ai giochi abituali, a volte vomita, passa più tempo a mangiare e a dormire. Più coccolona, cerca affetto e carezze. Al termine del periodo di gestazione si isola.
Cambiamento dell'aspetto fisico: dalla 2a alla 3a settimana, le mammelle diventano più rosee e prominenti, in particolare nelle gatte che non hanno ancora avuto cuccioli. Nel giro di un mese, il ventre si arrotonda. Alla fine del periodo di gestazione, è aumentata di circa 1 kg.
Evidente presenza del feto: dal 20° giorno, i battiti cardiaci del feto sono visibili con un'ecografia: il feto è in vita. Tra il 24° e il 30° giorno, palpando l'addome si sentono le ampolle fetali (2-3 cm di diametro). Verso il 40° giorno, eseguendo una radiografia, è visibile lo scheletro. Nelle ultime 2 settimane, posando una mano sul ventre della gatta si sentono i piccoli.

VEDI > CAREZZA P. 171; FETO P. 191; PARTO P. 207.

GIOCO. Attività che stimola la curiosità, l'intelligenza, l'abilità e la formazione di conoscenze su di sé e sul mondo.

- **LA SITUAZIONE TIPO**: il gattino rincorre una pallina da ping-pong.
- **A COSA PENSA IL GATTO**: «*Inutile che scappi, tanto ti acchiappo!*».

Il consiglio del medico veterinario

Il cucciolo inizia a divertirsi con i giochi a partire dalla 3a settimana di vita. Per attirare la sua attenzione è sufficiente una pallina di carta d'alluminio. La spinge con la zampina, la guarda rotolare, poi ci salta sopra per prenderla con le zampe prima di lanciarla di nuovo e continuare così il gioco. Giocando, apprende a controllare i propri movimenti e a conoscere la propria abilità.

Una volta adulto, sarà comunque importante continuare a giocare con il gatto, soprattutto se non ha la possibilità di uscire di casa. I giochi che si muovono, rotolano o dondolano all'estremità di una corda sono quelli che predilige. Una macchia di luce che si sposta è stimolante quanto una pallina da ping-pong.

Per iniziare, lanciategli il gioco o agitateglielo davanti agli occhi. Giocate con il gatto 5-10 minuti alla volta, più volte nella giornata. Come i bambini, dopo un po' di tempo, il gatto abbandona i giochi: bisogna allora proporgliene di nuovi per risvegliare la sua curiosità. Giocare con il piccolo felino è molto importante: attraverso l'attività ludica è possibile insegnargli moltissime cose, il gatto per sua natura non accetta facilmente le coercizioni. Inoltre si rinnoverà nel tempo l'importante contatto affettivo con il gatto senza per questo essere troppo invadenti.

Anche l'interruzione del gioco ha un valore pedagogico rilevante e permette di correggere comportamenti come graffiare o mordere. Attenzione però ai giocattoli che si scelgono: oggetti pungenti e gomitoli di lana, ad esempio, possono essere molto pericolosi, in quanto se ingeriti hanno conseguenze gravi.

VEDI > ANSIA IN LUOGO CHIUSO P. 29; APPARTAMENTO P. 32; CACCIA PP. 43, 169; SPAZIO DEI GIOCHI P. 220, TOPO (GIOCO) P. 237.

GUSTO. Senso che permette di analizzare il sapore di un alimento.

- **LA SITUAZIONE TIPO:** nella sua nuova casa il gattino si butta con ingordigia sul cibo che consumava in precedenza.
- **A COSA PENSA IL GATTO:** «*Questo cibo mi ricorda i miei primi pasti*».

Il consiglio del medico veterinario

Nel gatto il gusto è meno sviluppato che nell'uomo. Il gatto possiede solo 500 bottoni gustativi contro i 9.000 umani. Questo non gli impedisce però di essere molto selettivo nella scelta del cibo. È sensibile a quattro sapori: acido, amaro, umami (glutammato) e salato e tranne alcune eccezioni, non è per niente attirato dallo zucchero. Le sue preferenze dipendono, in gran parte, dai primi alimenti che ha consumato durante lo svezzamento. Quando si adotta un gattino, per evitare che si rifiuti di mangiare, è consigliabile somministrargli l'alimento informandosi prima di cosa si nutriva abitualmente.

L'alimentazione deve sempre essere consona al'età, allo stato di salute e all'attività fisica del gatto. Il piccolo felino non gradisce cibi né troppo freddi, né troppo caldi e non sopporta il cibo anche solo leggermente irrancidito.

VEDI > ALIMENTAZIONE PP. 21, 158; ANORESSIA P. 25; CIOTOLA P. 47; SVEZZAMENTO P. 226.

INVECCHIAMENTO.

VEDI > SENILITÀ P. 123.

IMPASTAMENTO. Movimento del pedalare delle zampe anteriori, spesso accompagnato da fusa da parte del cucciolo sulle mammelle materne e dall'adulto su diversi supporti.

- **LA SITUAZIONE TIPO:** il gatto impasta il ventre dell'amico umano prima di addormentarsi mentre viene accarezzato.
- **A COSA PENSA IL GATTO:** «*Come sto bene con te!*».

Il consiglio del medico veterinario

Al momento della poppata, il gattino fa le fusa impastando con le zampe anteriori le mammelle piene di latte della madre. In questo modo ne stimola la produzione. Crescendo, la madre respinge il gattino, ma il comportamento infantile può persistere e ripresentarsi sulla coperta dove il gatto va a riposare sulle ginocchia o in grembo all'amico umano. Il gatto affonda prima l'una poi l'altra zampa anteriore sul supporto, poi quando ha finito questo impastamento, si addormenta tranquillo sulla coperta o sulle ginocchia, la testa rannicchiata contro l'amico e sogna sicuramente i bei tempi andati in cui poteva incollarsi contro il ventre materno.

Associato alle fusa, questo momento di intimità con noi è sempre un piacere per entrambi. Alcuni studi hanno evidenziato come ascoltare le fusa del proprio gatto abbia un effetto positivo sulla nostra salute come abbassare la pressione del sangue e diminuire l'ansia.

VEDI > MAMMELLE P. 264; RITUALE PP. 121, 276.

IPERATTIVITÀ. Attività motoria eccessiva e disordinata che porta allo sfinimento, associata a impulsività e difficoltà di apprendimento.

- **LA SITUAZIONE TIPO:** il gattino si arrampica sulle tende, salta sugli scaffali, corre e fa cadere tutti i soprammobili.
- **A COSA PENSA IL GATTO:** «*Non riesco a controllarmi!*».

Il consiglio del medico veterinario

Questo disturbo del comportamento riguarda i cuccioli separati prematuramente dalla madre, cresciuti da una gatta che non è in grado di prendersi cura dei propri piccoli o da un umano incapace di insegnar loro a controllare la propria motricità, il morso e a ritrarre le unghie. Il gattino è costantemente sul chi vive, reagisce a ogni minimo stimolo, gioca ininterrottamente, mette tutto in bocca, si arrampica ovunque, mobili e tende, fa cadere gli oggetti, si arrampica sulla persona con cui vive come se si trattasse di un albero. Mentre gioca con lui/lei, il cucciolo graffia e morde. Odia ogni costrizione, soprattutto se viene afferrato per la pelle del collo, si dibatte e usa le unghie e le zanne per liberarsi. I rapporti con gli altri gatti sono conflittuali. A volte ha un appetito insaziabile e un ridotto periodo di sonno.

Questo comportamento non deve essere preso alla leggera: il gatto non si calmerà crescendo! Al contrario, superati i 4 mesi, il recupero sarà parziale.

VEDI > AUTOCONTROLLO P. 162; BULIMIA P. 41; UNGHIA (GRAFFIATA) P. 146; MORSO P. 200; SONNO P. 128.

Che fatica!

IPERSENSIBILITÀ DELLA PELLE. Ondulazione della pelle della schiena del gatto legata a uno stato d'ansia, infezione della pelle o dolore.

- **LA SITUAZIONE TIPO:** la schiena del gatto subisce una contrazione che come un'onda la percorre violentemente.
- **A COSA PENSA IL GATTO:** «*Non mi toccare, ho i nervi a fior di pelle!*».

Il consiglio del medico veterinario

A volte il gatto ha improvvisi sussulti della pelle della schiena, come se ricevesse una scarica elettrica. Questa ondulazione è spesso accompagnata da vocalizzi e battiti della coda. Più frequente nei gatti siamesi, burmesi e abissini, è spesso legata a uno stato d'ansia a cui si associano: aggressività, pulizia ossessiva, marcatura…

Durante la crisi, che può durare da pochi secondi a qualche minuto, il gatto può aggredire che si avvicina o mordersi freneticamente la coda. L'ondulazione della schiena si presenta anche nel gatto con infezioni cutanee (allergie da puntura di pulce) o vari dolori (muscolari, articolari, nervosi…). La diagnosi deve prevedere una visita comportamentale e una visita clinica.

VEDI > AGGRESSIONE PP. 15, 244; ANSIA P. 28; GATTO CHE MORDE QUANDO VIENE ACCAREZZATO P. 70; AMBIENTE P. 24; MARCATURA P. 88; PULCE P. 117; PULIZIA PP. 118, 272.

IPERTIROIDISMO. Eccessiva secrezione di ormoni tiroidei che provoca disfunzioni nell'organismo.

- **LA SITUAZIONE TIPO:** il gatto anziano, magrissimo nonostante il notevole appetito, è molto agitato.
- **A COSA PENSA IL GATTO:** «*Mi sento molto agitato!*».

Il consiglio del medico veterinario

La tiroide è una ghiandola formata da due lobi situata in corrispondenza della trachea. Nel gatto l'ipertiroidismo è il disturbo endocrino più comune. Caratterizzato da un elevato tasso di ormoni tiroidei in circolo e dalla comparsa del gozzo, è causato da un tumore, benigno nella maggior parte dei casi, situato in uno o in entrambi i lobi della tiroide. Il 95% dei gatti affetti ha più di 8 anni.

Il gatto malato è magro nonostante il notevole appetito, dorme poco, è agitato e a volte aggressivo. Beve e urina molto, presenta disturbi digestivi intermittenti (diarrea e vomito) e aumento del ritmo cardiaco, a volte associato a insufficienza cardiaca. La diagnosi avviene tramite palpazione della regione tiroidea ed esami del sangue.

VEDI > AGGRESSIONE PP. 15, 244; BULIMIA P. 41; DIABETE MELLITO P. 55; SETE P. 124; SONNO P. 128.

LETTIERA. Materiale composto da particelle assorbenti, destinata a raccogliere le deiezioni del gatto.

- **LA SITUAZIONE TIPO:** il gatto che ha una lettiera che non gli piace, va a fare i suoi bisogni nei vasi delle piante.
- **A COSA PENSA IL GATTO:** «*Questa è tranquilla, pulita e confortevole*».

Il consiglio del medico veterinario

È sufficiente che la lettiera sia sporca, abbia uno spessore insufficiente, una granulometria diversa o un odore inusuale a far allontanare il gatto dalla sua «toilette». Se non volete che vada a fare i suoi bisogni altrove, rispettate le sue scelte relative alla lettiera (il cucciolo preferisce la lettiera che ha avuto fin dalla tenera età), versate uno strato di circa 3 cm e cambiatelo regolarmente. Se il gatto si allontana dalla lettiera per andare nei vasi dei fiori, potete scoraggiarlo mettendo della carta d'alluminio intorno ai vasi.

Le lettiere dei gatti si dividono in due grandi categorie.

> Lettiere minerali tradizionali

Vantaggi: queste lettiere sono le più economiche sul mercato.

Svantaggi: le argille assorbono l'urina ma non si agglomerano a contatto con questa. Devono essere sostituite completamente almeno 1 o 2 volte la settimana.

> Lettiere minerali a base di bentonite

La bentonite è un'argilla con grande potere assorbente, la cui particolarità è di agglomerarsi a contatto con l'urina, formando delle palline facili da eliminare dalla lettiera.

Vantaggi: il consumo è notevolmente ridotto rispetto alle precedenti. È sufficiente buttare le palline d'argilla perché la lettiera ritorni pulita. Limita la formazione dei cattivi odori poiché l'urina non stagna.
Svantaggi: sono più care. Bisogna togliere le zolle e rimboccare la lettiera tutti i giorni.

> *Lettiere a base di silice*
Queste lettiere minerali di colore bianco sono apparse sul mercato solo di recente. Assorbono l'urina in pochi secondi senza agglomerarsi.
Vantaggi: non fanno polvere e neutralizzano gli odori. Alcune lettiere trattate assumono un colore diverso a seconda del pH delle urine e indicano se è presente un disturbo alle vie urinarie.
Svantaggi: cambiano di colore man mano che le si usa. Sono le più care sul mercato.

> *Lettiere vegetali*
Sono prodotte a partire da pino, tutoli di mais o paglia di lino. Sono le più ecologiche. Il potere assorbente varia da tipo a tipo.
Vantaggi: non fanno polvere, sono biodegradabili e naturalmente profumate. Una volta utilizzate, è possibile spargerle come composto nel giardino.
Svantaggi: a volte i gatti abituati a una lettiera minerale hanno difficoltà nell'utilizzarne una vegetale. Sono leggere e si spargono facilmente al di fuori della lettiera. La granulometria è notevole.

VEDI > LETTIERA P. 82; SPORCIZIA P. 131; ODORE DI URINA P. 104; PULIZIA PP. 118, 272.

Cassettina per lettiera. **Contenitore rettangolare, aperto o chiuso, che contiene la lettiera per il gatto.**

- **LA SITUAZIONE TIPO:** il gatto si rifiuta di utilizzare la propria cassettina igienica se vicina al posto dove mangia.

A COSA PENSA IL GATTO: «*Non si mischia la toilette con il ristorante!*».

Il consiglio del medico veterinario

Se il vostro gatto non ha la possibilità di uscire, deve essere disponibile una cassettina per la lettiera. Ma attenzione, il gatto non fa i suoi bisogni ovunque. Se volete che utilizzi la lettiera correttamente, deve essere posta in un angolo isolato, sicuro, facilmente accessibile e lontano dalle zone di riposo, di gioco o dove mangia. In pratica, è consigliabile disporre tante lettiere quanti sono i gatti più uno, e almeno una lettiera per piano.

Esistono cassettine di tutte le forme. Sceglietene una abbastanza grande in modo che il gatto possa muoversi comodamente. Optate per una cassettina chiusa, compratene una abbastanza alta affinché il gatto possa starci facilmente seduto e in piedi. Evitate le porte a battenti che limitano l'aerazione e danno al gatto l'impressione di essere imprigionato. Quando avrete scelto dove sistemare la lettiera e la sua forma, non cambiatela più. Il semplice fatto di cambiare il colore, il tipo di cassettina (aperta/chiusa) o l'ubicazione possono spingere il gatto a fare i propri bisogni altrove.

VEDI > ANSIA IN LUOGO CHIUSO P. 29; TRASLOCO P. 142; SPORCIZIA P. 131.

MAL D'AUTO. Malore che si prova quando si viaggia in auto.

- **LA SITUAZIONE TIPO:** durante il tragitto in auto, il gatto miagola, saliva e vomita all'interno del vettura.
- **A COSA PENSA IL GATTO:** «*Non mi sento bene, ho la nausea*».

Il consiglio del medico veterinario

Non aspettate il giorno della partenza per far provare al vostro gatto le gioie dell'auto! Così avrà modo di abituarsi e di trovarsi un suo posto all'interno della vettura. Il mal d'auto è causato da stress o da stimolazioni interne all'orecchio (centro dell'equilibrio). È caratterizzato da salivazione, vomito, vocalizzi, minzione, diarrea e nervosismo.

Ecco qualche consiglio per evitarlo:

1. Chiedete al medico veterinario di prescrivervi un farmaco contro il mal d'auto che somministrerete al gatto mezz'ora prima della partenza.
2. Dategli un pasto leggero prima della partenza. Se il viaggio è breve, lasciatelo a digiuno.
3. Abituate il gatto al trasportino il prima possibile. Lasciatelo a sua disposizione a casa.
4. Per tranquillizzarlo, mezz'ora prima della partenza spruzzate all'interno del trasportino dei feromoni facciali tranquillizzanti.
5. Guidate adagio e con prudenza.
6. Se facesse molto caldo, munitevi di uno spruzzino per

bagnare il gatto con dell'acqua. Se avete il climatizzatore, mantenete la temperatura intorno ai 20°C.

7. Fermatevi almeno ogni 2 ore in modo che il gatto possa dissetarsi. Attenzione però a non farlo scendere: potrebbe scappare specialmente se non abituato al guinzaglio.
8. In caso di vomito, non punitelo, aumentereste solo il suo stress. Rimanete calmi e fermatevi a pulire.

VEDI > TRASPORTINO P. 144; TRASLOCO P. 142; PUNIZIONE P. 214; STRESS P. 225; AUTO P. 37.

MARCATURA. Azione di marcare il territorio o esseri viventi tramite deposito di feromoni, urina o graffiatura.

La marcatura permette al gatto di delimitare il territorio, di comunicare con i suoi simili, di tranquillizzarsi, di riconoscere gli esseri familiari e di segnalare un pericolo. È realizzata tramite deposito di feromoni, urina o graffiature.

***Marcatura d'allarme*. Traccia che indica un pericolo.**

- **LA SITUAZIONE TIPO:** il gatto traspira dai cuscinetti e svuota le ghiandole anali sul tavolo e sul camice del medico veterinario.
- **A COSA PENSA IL GATTO:** «*Attenzione, luogo da evitare!*».

Il consiglio del medico veterinario

Le sacche anali, chiamate anche «ghiandole anali», sono due piccole sacche che si trovano su entrambi i lati dell'ano che si riversano nel retto grazie a due canali escretori. Producono un liquido brunastro più o meno spesso che emana un forte odore. In seguito a stress, dopo una manovra dolorosa o che lo ha spaventato durante un esame clinico, il gatto svuota le ghiandole anali e/o traspira dai cuscinetti. Queste secrezioni, ricche di feromoni d'allarme, marcano il tavolo e il camice del medico veterinario. Grazie a questi messaggi chimici, il gatto successivo è informato del brutto quarto d'ora che il suo simile ha passato prima di lui. La visita rischia allora di essere movimentata. Per questa ragione, il medico veterinario pulisce scrupolosamente il tavolo e, all'occorrenza, cambia il camice.

VEDI > FEROMONI P. 258; VETERINARIO P. 152.

Marcatura facciale. **Deposito di feromoni prodotti dalle ghiandole situate tra la commessura delle labbra e la base dell'orecchio che viene lasciato sugli oggetti o gli esseri familiari.**

- **LA SITUAZIONE TIPO:** il gatto si strofina contro le gambe della sedia.
- **A COSA PENSA IL GATTO:** «*Questo è mio territorio!*».

Il consiglio del medico veterinario

Strofinando le guance, le labbra e il mento sugli oggetti situati nell'ambiente che lo circonda, il gatto deposita dei feromoni che servono a delimitare il proprio territorio. Queste tracce sono particolarmente numerose lungo le vie di passaggio e ai confini delle diverse zone territoriali. In genere i luoghi di marcatura sono gli angoli rilevanti del territorio: i mobili, gli stipiti delle porte, le gambe delle sedie, gli angoli del divano, alberi, zone all'aperto del giardino... Queste tracce sono importanti perché tranquillizzano il gatto: gli oggetti marcati diventano oggetti familiari e facilitano l'orientamento dell'animale. Il gatto si strofina nello stesso modo contro le gambe degli umani che avvicina, in particolare quelle del suo amico umano. Questo saluto, molto apprezzato, serve innanzitutto a depositare i propri ormoni su ciò che il gatto considera familiare. Lascia le stesse tracce su animali, cani e gatti, che fanno parte della sua cerchia di amici. Per il gatto questa marcatura sociale è un modo di tranquillizzarsi, grazie alla quale riconosce gli individui che non deve temere.

Le tracce di familiarità che lascia non resistono al tempo e al lavaggio, quindi il gatto deve depositarle regolarmente. Se scompaiono in seguito a un trasloco o a una cambiamento di mobilia, possono essere all'origine di ansie e marcatura urinaria.

VEDI > ANSIA DA DETERRITORIALIZZAZIONE P. 29; TRASLOCO P. 142; MARCATURA URINARIA REAZIONALE P. 92; FEROMONI P. 258; TERRITORIO P. 136.

Marcatura urinaria. **Tracce d'urine sparse su supporti verticali.**

Il gatto urina in piedi, contro un muro, mobile, albero o altro supporto verticale, la coda dritta in verticale. La traccia di urina lasciata in altezza attira gli altri gatti e dà luogo in questi ultimi a una reazione di flehmen. È di due tipi:

> ***Marcatura urinaria reazionale.*** **Tracce di urina versate quando si è emotivamente destabilizzati.**

- LA SITUAZIONE TIPO: il gatto urina sui muri dell'appartamento che è appena stato tinteggiato di fresco.
- A COSA PENSA IL GATTO: «*Mi sento perso senza i miei riferimenti!*».

Il consiglio del medico veterinario

La marcatura urinaria reazionale è simile alla marcatura urinaria sessuale (getto di urina orizzontale su supporto verticale) ma non è legata a nessuna attività sessuale. Si presenta nel gatto stressato o ansioso. Può avvenire in seguito alla scomparsa di tracce che lo tranquillizzano (marcatura facciale) nell'ambiente che lo circonda: trasloco, lavori d'interno, cambiamento o spostamento di mobili, pulizie di primavera... Può anche essere provocata dall'arrivo di un nuovo individuo (gatto, cane, umano...), una sovrappopolazione, la presenza di altre tracce di urina, una punizione o l'assenza dell'amico umano. Non punite il gatto: non fareste che aumentare il suo stress e aggravare la situazione. Per pulire le tracce, evitate i prodotti a base di ammoniaca o di cloro (candeggina) che favoriscono la marcatura, utilizzate invece acqua e aceto bianco o un prodotto «assorbi odori». Spruzzate nelle zone marcate uno spray tranquillizzante a base di feromoni facciali. Consultate il medico veterinario, se la situazione non rientra nella normalità. Non perdete tempo se le urine di un gatto ansioso contengono feromoni d'allarme che spingono il gatto o i suo simili a urinare per marcare, peggiorando la situazione.

VEDI > ANSIA P. 28; CONVIVENZA PP. 177, 254; TRASLOCO P. 142; FLEHMEN P. 62; MINZIONE INAPPROPRIATA P. 96; MARCATURA FACCIALE P. 90; MARCATURA URINARIA SESSUALE P. 265; PUNIZIONE P. 214; STRESS P. 225; SOVRAPPOPOLAZIONE P. 130.

> ***Marcatura urinaria sessuale.*** **Tracce di urina versate per attirare il sesso opposto.**

- **LA SITUAZIONE TIPO:** il gatto si strofina contro un albero, poi si gira e urina in orizzontale, la coda dritta e fremente.
- **A COSA PENSA IL GATTO:** «*Cerco una compagna*».

Il consiglio del medico veterinario

La marcatura sessuale inizia con la pubertà. Facilita gli incontri tra maschi e femmine. Nel maschio si verifica in prossimità di una o più femmine in calore; nella femmina nel periodo dei calori.

VEDI > MINZIONE INAPPROPRIATA P. 96; MARCATURA URINARIA SESSUALE P. 265.

MIAGOLIO. Vocalizzo più o meno melodioso che il gatto usa per comunicare.

- **LA SITUAZIONE TIPO:** il gatto miagola guardando la sua ciotola vuota.
- **A COSA PENSA IL GATTO:** «*Arrivano le mie crocchette?*».

Il consiglio del medico veterinario

«Miao» è il suono più utilizzato dal gatto per attirare l'attenzione degli umani. Viene emesso in molte circostanze: per salutare, per reclamare (aprire la porta, cibo, carezze...), per lamentarsi o per chiedere aiuto. A seconda delle risposte ottenute in seguito ai diversi miagolii, il gatto impara a comunicare e a ottenere ciò che desidera. Questa forma di comunicazione si sviluppa con il tempo rinforzando i legami con il suo umano.

Occorre allenarsi un po' per riconoscere come ogni vocalizzazione è diversa nel suono, ma anche nel significato. Quando vi sarete riusciti, avrete imparato a capire tutti i suoi messaggi e più ascolterete il gatto e risponderete alle sue sollecitazioni, più l'incoraggerete a parlarvi. Se viene abbandonato o separato dall'amico umano, il gatto soffre della mancanza di questo tipo di comunicazione.

Tuttavia, non tutti i gatti sono così chiacchieroni. I siamesi e i gatti di razza orientale hanno il «miao» facile. Al contrario, l'abissino, il persiano, il certosino e il maine coon sono proverbiali per la loro discrezione.

A volte il gatto miagola senza che alcun suono esca dalla sua bocca. In realtà, non è proprio così: emette semplicemente dei suoni troppo acuti, che l'orecchio umano non è in grado di udire. Anche i gatti hanno i loro piccoli segreti!

* Traduzione: «Ho finalmente compreso la tua concettualizzazione primaria e il tuo gergo incerto, ma io non sono una tua cosa. E se mai lancerai quel gioco, forse andrò a prenderlo ma non te lo riporterò. Te lo vai a prendere da solo...».

MINZIONE INAPPROPRIATA. Deposito di urina lasciato dal gatto all'esterno della lettiera. Causa frequente di tensione con gli umani.

- **LA SITUAZIONE TIPO:** il gatto che soffre di cistite fa qualche goccia di urina sul tappeto del salone.
- **A COSA PENSA IL GATTO:** «*Non riesco a trattenermi*».

Il consiglio del medico veterinario

Sono diverse le cause che possono portare il gatto a sporcare urinando. Per scoprirne le ragioni, è importante, in un primo tempo, determinare se siano minzioni inappropriate (il gatto, se è affetto da cistite, urina accovacciato, una grande o piccola quantità di urina, con la coda in orizzontale su un supporto orizzontale) o marcatura urinaria (il gatto urina in piedi, una piccola quantità, la coda in verticale su supporto verticale, a una dozzina di centimetri dal terreno).

Nel caso di minzione inappropriata, le cause possono essere le seguenti:

Malattia: numerose malattie sono all'origine di questo comportamento. È il caso di infezioni dell'apparato urinario (cistite, incontinenza…), che impediscono al gatto di trattenere le urine; del diabete, che provoca sete intensa e aumento della minzione; ma anche di dolori articolari che possono rendere doloroso l'accesso alla lettiera. Un controllo medico accurato è quindi obbligatorio prima di giungere alla conclusione che si tratti di un disturbo comportamentale.

L'ignoranza: grazie alla madre, il gattino apprende rapidamente il rituale della pulizia. Non sempre avviene la stessa cosa nei cuccioli orfani, che devono imparare a usare una cassettina igienica e la lettiera che non conoscono.

La scomodità: il gatto ha le sue abitudini per quanto riguarda cassettina e lettiera. Una cassettina utilizzata da altri gatti, o inaccessibile, sistemata a fianco della propria ciotola o in un luogo di passaggio, una lettiera sporca o comprata di recente, sono tutte ragioni sufficienti a far allontanare il gatto dalla sua «toilette». Per calmarlo, bisogna scegliere un luogo più tranquillo e confortevole.

Un trauma: è facile che il gatto si allontani se lo avete messo nella lettiera con la forza o se prova paura o un dolore quando ci entra (per esempio, se soffre di una malattia dolorosa dell'apparato urinario o digestivo).

Insoddisfazione: in seguito a un sopruso, l'arrivo di una persona o di un animale in casa, di una punizione, il gatto esprime la propria insoddisfazione urinando al di fuori della lettiera (su biancheria, vestiti...). Sono situazioni occasionali.

L'ansia: può manifestarsi come marcatura urinaria ma anche come minzione inappropriata.

La depressione: il gatto depresso non si muove se non per attività necessarie alla sua stessa sopravvivenza. Non ha il coraggio di spostarsi fino alla lettiera, quindi fa i suoi bisogni dove si trova.

La vecchiaia: con l'età, il gatto può avere difficoltà ad accedere alla lettiera o a trattenere le urine, soprattutto se soffre di senilità.

NO ALLE LETTIERE SPORCHE
BASTA!

Nel caso di marcatura urinaria, le cause possono essere le seguenti:
La ricerca di un partner sessuale: la marcatura sessuale con le urine ha inizio con la pubertà. Nel maschio, si verifica quando si trova in prossimità di una femmina in calore. Nella femmina, nel periodo dei calori.
L'espressione di un malessere: la marcatura urinaria reazionale avviene in risposta a un mutamento dell'ambiente in cui vive il gatto: trasloco, cambiamento o spostamento di mobili, lavori di ristrutturazione (tinteggiatura), intrusione di altro animale o di uno sconosciuto, sovrappopolazione... Marcare il territorio urinando può essere una reazione normale del gatto che si trova di fronte a una situazione vissuta come allarmante. Cessa spontaneamente quando il gatto ritrova il suo equilibrio. In caso contrario, può diventare ansioso e la marcatura può aumentare di intensità.

Anche se lo cogliete sul fatto, non punite mai direttamente il gatto che sporca e non mettetelo sulla lettiera con la forza: rischiate di aggravare la situazione.

VEDI > ANSIA P. 28; CISTITE P. 49; TRASLOCO P. 142; DEPRESSIONE P. 52; DIABETE MELLITO P. 55; LETTIERA P. 82; MARCATURA URINARIA REAZIONALE E SESSUALE P. 93; SPORCIZIA PP. 131; PUNIZIONE P. 214; SENILITÀ P. 123; SOVRAPPOPOLAZIONE P. 130.

MUTA. Rinnovamento periodico del pelo del gatto.

- **LA SITUAZIONE TIPO:** all'inizio dell'estate, il gatto perde ovunque pelo in casa.
- **A COSA PENSA IL GATTO:** «*Fa caldo, è ora che mi liberi di questa pelliccia invernale*».

Il consiglio del medico veterinario

Il ciclo del pelo è influenzato da fattori ambientali (durata di esposizione al sole, temperatura), alimentari, ormonali e genetici. Teoricamente, la muta avviene 2 volte all'anno. La maggior perdita di pelo si ha all'inizio dell'estate e la minima a inizio inverno. Questo permette al gatto di avere un pelo folto quando fa freddo e uno più leggero nei periodi caldi. Solo i gatti che vivono all'aperto presentano una notevole perdita di pelo durante la muta. I gatti d'appartamento, abituati alla luce artificiale e al riscaldamento, perdono il pelo in modo quasi permanente, con un leggero aumento durante il periodo di muta. Una perdita abbondante può essere causata da una situazione di notevole stress, come un parto o una malattia.

Per eliminare i peli morti e accelerare la ricrescita del pelo durante la muta, spazzolate e pettinate il gatto con maggior frequenza. Così facendo evitate anche che ingoi troppo pelo.

Per apportare nella dieta del vostro gatto tutti nutrienti indispensabili al rinnovamento della pelliccia, optate per cibi di alta qualità, ricchi di proteine e arricchiti con acidi grassi essenziali, vitamine e oligoelementi, soprattutto se ha il pelo folto. Potete anche completare la sua alimentazione abituale con compresse di lievito di birra ricco di vitamina B (i gatti ne vanno matti) o un complemento minerale vitaminico.

VEDI > PALLA DI PELO P. 113; PULIZIA PP. 118, 272.

OBESITÀ. Eccesso di peso dovuto a un aumento della massa adiposa dell'organismo.

- **LA SITUAZIONE TIPO:** il gatto troppo grasso non riesce più a pulirsi il fondo schiena.
- **A COSA PENSA IL GATTO:** «*Non mi manca la buona volontà di farmi bello, ma l'agilità*».

Il consiglio del medico veterinario

L'obesità è causata da un aumento anormale della quantità di tessuti grassi. Circa un terzo dei gatti ne soffre e il loro numero è in costante aumento.
Criteri di obesità: un animale è obeso quando il suo peso è superiore del 20% al suo «peso ideale» (peso forma alla fine della crescita). Un gatto che ha un peso ideale di 4 kg a un anno d'età, sarà considerato sovrappeso tra 4 e 4,8 kg e obeso al di sopra di 4,8 kg.
Come valutare il livello di adiposità del gatto:
Peso ideale: dimensioni visibili all'indietro del costato, costato palpabile sotto uno strato fine di grasso.
Sovrappeso: costato difficilmente palpabile sotto lo strato di grasso, dimensioni poco visibili, addome rotondo.
Obesità: costato non palpabile sotto uno spesso strato di grasso, addome gonfio, depositi di grasso sugli arti, sul collo e sui lombi.
Fattori che favoriscono l'obesità: le cause principali sono il consumo eccessivo di cibo (leccornie, libero accesso a cibi molto appetitosi) e la mancanza di esercizio. Il gatto da appartamento ha un rischio di obesità più alto del 40% rispet-

to a quello del gatto che ha la possibilità di uscire di casa. Infine, alcuni farmaci (corticoidi, contraccettivi), disturbi ormonali (sindrome di Cushing, ipotiroidismo), lo stress, l'ansia o la depressione possono portare a una maggiore assunzione alimentare e a un sovrappeso corporeo. Prima di mettere a dieta il gatto obeso, è opportuna una visita medica.

Conseguenze dell'obesità sulla salute: l'obesità può portare a mancanza di vivacità, maggiore incidenza di disturbi cardio-vascolari, malattie cutanee e artrosi; può ridurre la resistenza alle infezioni, favorire il diabete mellito, diminuire la fertilità, accrescere le difficoltà del parto, aumentare i rischi durante un'eventuale anestesia e ridurre considerevolmente le aspettative di vita.

Cura dell'obesità: si assiste a una diminuzione di peso aumentando l'esercizio fisico (giochi, albero per gatti con diverse attività da praticare, uscite) ma soprattutto riducendo l'apporto calorico giornaliero grazie a un'alimentazione specifica.

Attenzione, non lasciate mai a digiuno il vostro gatto per farlo dimagrire. Potrebbe causargli gravi danni al fegato.

VEDI > ALIMENTAZIONE PP. 21, 158; ANSIA P. 28; BULIMIA P. 41; DEPRESSIONE P. 52; DIABETE MELLITO P. 55; STERILIZZAZIONE DELLA FEMMINA E DEL MASCHIO PP. 222-224; STRESS P. 225.

ODORE.

VEDI > FLEHMEN P. 62; ODORE DI URINA P. 104; OLFATTO P. 106; FEROMONI P. 258.

ODORE DI URINA. Forte esalazione che proviene dalle urine del gatto maschio in età da riproduzione.

- **LA SITUAZIONE TIPO:** il gatto, arrivato alla pubertà, urina e impregna tutta la casa.
- **A COSA PENSA IL GATTO:** «*Ecco un odore di vero maschio!*».

Il consiglio del medico veterinario

L'odore caratteristico del gatto è dato dalla presenza, nelle urine, di un particolare amminoacido solforoso, la felinina, che si decompone nel tempo in composti aromatici dal forte odore. Compare verso i 6 mesi d'età e la concentrazione è legata al tasso di ormoni maschili (testosterone) in circolo. Ora capite perché le signore abbiano un odore più discreto dei signori. La sterilizzazione riduce dell'80% quest'odore sgradevole.

Questo è uno dei motivi per cui la scelta di sterilizzare il proprio gatto rende più serena la vostra convivenza e anche quella con i vicini, se il piccoli felini hanno la possibilità di accedere all'esterno.

VEDI > FLEHMEN P. 62; MARCATURA URINARIA SESSUALE PP. 93, 265; PUBERTÀ P. 270; STERILIZZAZIONE DEL MASCHIO P. 224.

FINITE LE CORVÈ DI MARCATURA
URINO
URINODOR
PER NOI MASCHI
URINODO

OLFATTO. Senso che permette di percepire gli odori e i feromoni presenti nell'ambiente.

- **LA SITUAZIONE TIPO:** il gatto annusa con attenzione l'abito di un ospite.
- **A COSA PENSA IL GATTO:** «*Ecco un nuovo odore molto interessante…*».

Il consiglio del medico veterinario

Il gatto ha un olfatto meno affinato di quello del cane, ma nettamente più efficace del nostro. La mucosa nasale del gatto si estende per circa 20 cm^2 contro 2-3 cm^2 dell'uomo e possiede inoltre un organo vomero-nasale con la funzione di intercettare i feromoni. Grazie all'olfatto sviluppato, il gattino è in grado di riconoscere l'odore della madre e l'adulto quello del proprio amico umano o dei gatti del quartiere. Tra gli odori, è particolarmente sensibile a quelli del proprio cibo (se una confezione di crocchette non è stata conservata in modo appropriato o una scatoletta è aperta da molte ore, il gatto se ne accorge immediatamente e le snobba), ai profumi di alcune piante (valeriana, cataria…), agli odori veicolati dal medico veterinario, calzature e altri oggetti provenienti dall'esterno, e infine ai prodotti a base di ammoniaca e cloro.

La presenza di nuovi odori nell'ambiente che lo circonda può a volte turbarlo al punto di spingerlo a marcare il territorio urinando. È il caso, per esempio, dell'abito di un ospite malauguratamente riposto su una poltrona, della confezione d'acqua comprata al supermercato o del pacco postale appena consegnato. Anche la scomparsa delle marcature facciali in seguito a un trasloco, a lavori di tinteggiatura… può essere la causa di un'annaffiatura mirata a mobili e muri.

VEDI > ALIMENTAZIONE PP. 21, 158; TRASLOCO P. 142; FLEHMEN P. 62; ERBA GATTAIA P. 60; MARCATURA URINARIA REAZIONALE P. 92; ODORE DI URINA P. 104.

ONICOFAGIA. Atto di rosicchiarsi le unghie, portato all'eccesso in condizione di ansia.

- **LA SITUAZIONE TIPO:** il gatto ansioso si rosicchia le unghie delle zampe anteriori.
- **A COSA PENSA IL GATTO:** «*Rosicchiarmi le unghie mi tranquillizza*».

Il consiglio del medico veterinario

Il gatto ha bisogno che le sue unghie siano perfettamente affilate per muoversi facilmente nel proprio territorio, cacciare e difendersi efficacemente. È indispensabile che siano in buono stato e per questa ragione, il gatto elimina regolarmente le guaine usate, sfregando le unghie delle zampe anteriori su diversi supporti presenti sul suo territorio (albero, mobile, albero per gatti) e rosicchiando quelle delle zampe posteriori.

Ma, a volte, il rosicchiarsi le unghie diventa ossessivo e va oltre la pura funzione igienica per diventare un modo di placare un malessere (la stimolazione delle terminazioni nervose della pelle produce beta-endorfine tranquillizzanti). In questo caso, il gatto si attacca sia alle unghie delle zampe anteriori che posteriori. L'onicofagia è spesso associata a altre manifestazioni di ansia: aggressività, pulizia ossessiva, marcatura, minzione inappropriata...

A forza di rosicchiarsi le unghie, possono subentrare delle infezioni e il gatto finire con lo zoppicare, e occorre consultare il medico veterinario. Quest'ultimo non deve solo curare le lesioni ma anche l'ansia del gatto per evitare recidive.

VEDI > AGGRESSIONE PP. 15, 244; ALOPECIA P. 23; ANSIA P. 28; DEPRESSIONE CRONICA P. 54; AMBIENTE P. 24; UNGHIA (GRAFFIATA) P. 146; MINZIONE INAPPROPRIATA P. 96; MARCATURA P. 88; PULIZIA PP. 118, 272.

ORECCHIO. Termine che designa la parte esterna dell'apparato uditivo che serve a captare i suoni.

- **LA SITUAZIONE TIPO:** il gatto sul balcone, le orecchie ben dritte, ne tende una verso un angolo del giardino.
- **A COSA PENSA IL GATTO:** *«Un rumore nel mio territorio?»*.

Il consiglio del medico veterinario

Le orecchie del gatto sono mobili e possono muoversi indipendentemente una dall'altra. Anche se da sole non possono dare informazioni sull'umore del gatto, forniscono alcune ottime indicazioni.

- Ben dritte, rivolte in avanti: «Va tutto bene!».
- Ben dritte, rivolte in direzioni opposte: «Che succede? Ho sentito uno strano rumore!».
- Appiattite di lato: «Stai attento, sto per difendermi!».
- Placcate indietro sulla testa: «Ho la sensazione che andrà a finire male!».

Attenzione agli equivoci! Lo scottish fold ha la particolarità di avere orecchie piccole, piegate in avanti, un po' come un berretto. Se si badasse alle sue orecchie, sarebbe sempre sulla difensiva, quando in realtà è un gatto particolarmente dolce e affettuoso.

VEDI > AGGRESSIONE PP. 15, 244; CODA P. 50.

Non mi piace
quello lì con le orecchie
in avanti!

OTOACARIASI o ROGNA AURICOLARE. Infiammazione dell'orecchio causata da un parassita presente nel condotto uditivo esterno.

- **LA SITUAZIONE TIPO:** il gatto si gratta con insistenza l'orecchio con la zampa posteriore.
- **A COSA PENSA IL GATTO:** «*Le orecchie mi prudono, grattarmi mi fa sentire meglio*».

Il consiglio del medico veterinario

L'otoacariasi o **rogna auricolare** è una malattia parassitaria molto frequente (in particolare nei cuccioli), causata dalla presenza di un acaro nel condotto uditivo esterno.

È caratterizzata dall'infiammazione del condotto (otite esterna). Nell'orecchio, molto infiammato, si trova un'abbondante quantità di cerume, secco e di colore nerastro.

Di solito vengono contagiate entrambe le orecchie. Il gatto scuote la testa e gratta furiosamente l'orecchio. Può allora comparire un vistoso ematoma del padiglione auricolare. Molto contagiosa, l'otoacariasi si trasmette per contatto diretto tra i gatti, con maggior frequenza tra madre e cuccioli. Dopo accuarata pulizia e controllo della parte interna dell'orecchio con l'aiuto dell'otoscopio, il medico veterinario prescriverà la terapia indicata che deve essere seguita scrupolosamente.

VEDI > PULCE P. 117.

PALLA DI PELO. Insieme di pelo morto ingoiato mentre il gatto si lecca, rigurgitato o eliminato nelle feci.

- **LA SITUAZIONE TIPO:** il gatto vomita un lungo sigaro di pelo.
- **A COSA PENSA IL GATTO:** «*Finalmente mi sono liberato di quelle palle di pelo tanto indigeste*».

Il consiglio del medico veterinario

Mentre si pulisce, il gatto raccoglie con la lingua ruvida una gran quantità di pelo morto, soprattutto nel periodo della muta. Questi peli si accumulano nello stomaco sotto forma di palline, chiamate «tricobezoari», e vengono poi rigurgitate sotto forma di un lungo sigaro di peli o passano nell'intestino per essere evacuate nelle feci. Possono essere all'origine di costipazione e di ostruzione intestinale nei casi più gravi. Per evitare questi inconvenienti:

- Date al vostro gatto del cibo ricco di fibre «speciale per eliminare le palline di pelo».
- Lasciate a sua disposizione dell'erba gatta.
- Spazzolatelo almeno 3 volte la settimana se ha il pelo corto e tutti i giorni se il pelo è lungo, soprattutto durante la muta.
- Sottoponetelo al trattamento contro le pulci tutto l'anno.
- Fategli un trattamento preventivo a base di eserina salicilato (in vendita dal medico veterinario) una volta al mese.
- Consultare il veterinario in caso di blocco intestinale.

VEDI > ERBA GATTA P. 60; MUTA P. 100; PULCE P. 117; PULIZIA PP. 118, 272.

PASTO. Assunzione di cibo necessaria a coprire i bisogni alimentari.

Il pasto permette a chi vive con un gatto di dimostrargli il proprio affetto servendogli il menu preferito, ma le qualità nutrizionali del cibo sono importanti per la salute dell'animale. Per il suo benessere è anche importante il modo in cui viene distribuito (quantità e luogo dei pasti).

> ***Ora dei pasti*. Momento dedicato ai pasti.**

- **LA SITUAZIONE TIPO:** il gatto si dirige verso la sua ciotola più volte nella giornata per sgranocchiare qualche crocchetta.
- **A COSA PENSA IL GATTO:** «*Ho un po' di fame!*».

Il consiglio del medico veterinario

Il gatto ama sgranocchiare. In natura si nutre durante tutta la giornata. Se volete rispettare le sue abitudini alimentari, lasciategli a disposizione crocchette un po' dappertutto in casa e servitegli regolarmente delle piccole quantità di cibo. Un gatto può fare fino a 16 pasti al giorno. Non offritegli però crocchette troppo nutrienti e controllate il suo peso per evitare che ingrassi. La somministrazione due volte al giorno, mattino e sera a ore fisse, rimane ancora la più praticata ma raramente questa soluzione pratica viene apprezzata dal gatto. Non stupitevi allora se inizia a rubare del cibo, a elemosinarne tutto il giorno o si mostra aggressivo.

VEDI > AGGRESSIONE PP. 15, 244; ALIMENTAZIONE PP. 21, 158;

ANSIA IN LUOGO CHIUSO P. 29; APPARTAMENTO P. 32; CACCIA PP. 43, 169; OBESITÀ P. 102; SINDROME DELLA TIGRE P. 126.

> ***Luogo dei pasti.*** **Zona del territorio dove si somministra il cibo.**

- **LA SITUAZIONE TIPO:** il gatto rifiuta la ciotola di crocchette che si trova vicino alla sua lettiera.
- **A COSA PENSA IL GATTO:** «*Mangiare dove faccio i miei bisogni!*».

Il consiglio del medico veterinario

Il gatto ama mangiare in un luogo confortevole, con calma, solo e al sicuro da ogni competizione. L'angolo scelto deve essere accessibile di giorno e di notte e lontano almeno 2 metri dalla sua cassetta igienica. Se con voi vivono più gatti, sono necessarie tante ciotole quanti sono i gatti più una e devono essere sistemate una lontana dall'altra per evitare un'eccessiva promiscuità. Quando i gatti sono in pensione, a volte i box disponibili sono troppo piccoli per garantire una distanza sufficiente tra le aree dove si riposa, quelle dove mangia e quelle dove fa i bisogni. Il gatto potrebbe allora rifiutare di cibarsi. Per evitarlo, scegliete una pensione dove i box per gli ospiti siano sufficientemente grandi e assicuratevi che il personale pulisca regolarmente le lettiere.

VEDI > CONVIVENZA PP. 177, 254; CIOTOLA P. 47; OSPEDALIZZAZIONE P. 205; LETTIERA (CASSETTA PER) P. 84; PENSIONE P. 211; TERRITORIO P. 136.

PELO/I.

VEDI > ALOPECIA P. 23; MUTA P. 100; PULCE P. 117; PULIZIA PP. 118, 272.

PLACCA E TARTARO DENTALI. Deposito sui denti, all'origine di gengivite e di alito cattivo.

- **LA SITUAZIONE TIPO:** il gatto, i denti ricoperti di tartaro e le gengive arrossate, si rifiuta di mangiare.
- **A COSA PENSA IL GATTO:** «*Mi fa male quando mangio*».

Il consiglio del medico veterinario

La placca dentale è una pellicola giallastra molto sottile e aderente che si accumula alla congiunzione tra la gengiva e il dente. La sua formazione è dovuta ai rifiuti alimentari e dai batteri. Verso i 2-3 anni, la mineralizzazione della placca crea un deposito di tartaro riconoscibile dal colore marrone. Il tartaro favorisce l'alitosi, infezioni delle gengive e lo scalzamento dei denti. Sono vari i modi per prevenire la formazione della placca dentale:

• Spazzolare i denti, ma nel caso del gatto è difficile.
• Speciali ossi da masticare che favoriscono la pulizia meccanica dei denti e limitano lo sviluppo dei batteri.
• Crocchette speciali che riducono l'accumulo della placca dentale e del tartaro, ed evitano detartrasi frequenti.

Oltre a queste cure regolari, fate controllare i denti del gatto una volta l'anno e se è necessario fate eseguire una detartrasi.

VEDI > ALIMENTAZIONE PP. 21,158.

PULCE. Insetto molto fastidioso che si nutre del sangue dei mammiferi tramite puntura.

- **LA SITUAZIONE TIPO:** il gatto si lecca e si morde il fondo schiena.
- **A COSA PENSA IL GATTO:** «*Dannata bestiola, ti prenderò!*».

Il consiglio del medico veterinario

La pulce è un insetto scuro, visibile a occhio nudo, il cui corpo è compresso lateralmente. Non possiede ali, ma potenti zampe posteriori che le permettono di fare dei salti di più di 30 metri. Ematofaga, punge il gatto una dozzina di volte in un giorno per nutrirsi del suo sangue. Il gatto sopporta relativamente bene la presenza di pulci nel suo pelo. Al contrario, se gli provoca un'allergia, la sua presenza diventerà insopportabile. Il gatto si gratta, si lecca, perde il pelo, in particolare nel fondo schiena, e presenta rossori cutanei. L'allergia alle punture delle pulci si manifesta principalmente duranti i periodi caldi e umidi, che favoriscono lo sviluppo di forme precoci di pulci presenti all'esterno.

La prevenzione delle infestazioni è possibile con farmaci prescritti dal medico veterinario e che non vanno utilizzati senza le precauzioni descrittte nei foglietti illustrativi.

VEDI > ALOPECIA P. 23; IPERSENSIBILITÀ DELLA PELLE P. 80.

PULIZIA. Qualità molto apprezzata dagli umani e dai gatti in particolare. In questi ultimi consiste nell'evacuare in una lettiera e ricoprire le proprie deiezioni.

- **LA SITUAZIONE TIPO:** il gatto ricopre i propri escrementi dopo aver defecato nella lettiera.
- **A COSA PENSA IL GATTO:** «*Sarà più difficile rintracciarli*».

Il consiglio del medico veterinario

In media, il gatto defeca una volta al giorno e urina due volte. Prima di tutto, cerca un angolo tranquillo lontano da dove riposa e mangia e dove la terra sia mobile. Predilige i supporti di granulometria minuscola, come la lettiera per gatti, la sabbia con cui giocano i bambini o la terra fine dell'orto. Scava un piccolo buco, si gira, si accovaccia, la coda orizzontale e l'ano perfettamente al di sopra del buco, poi fa i suoi bisogni. Si rigira e li copre con le zampe anteriori per assicurarsi di non lasciare alcuna traccia ai predatori. Annusa poi il terreno appena rimosso, come se volesse verificare che il suo odore sia stato ben camuffato. Questo maniaco della pulizia a volte si scuote le zampe per rimuovere la sporcizia che si è incastrata tra i cuscinetti. Quando la sua «toilette» è sporca, per il gatto che vive all'aperto è sufficiente cambiare posto. In appartamento bisogna invece fare attenzione e rinnovare regolarmente la lettiera.

VEDI > LETTIERA P. 82; MINZIONE INAPPROPRIATA P. 96; PULIZIA P. 272; TOILETTE PP. 138, 235.

RISVEGLIO MATTUTINO. Breve rituale sonoro che il gatto utilizza per svegliare gli umani e ottenere un favore.

- **LA SITUAZIONE TIPO:** alle 6 del mattino, il gatto gratta e vocalizza alla porta della camera del suo umano.
- **A COSA PENSA IL GATTO:** «*Eh! Oh! Svegliati, è ora d'uscire!*».

Il consiglio del medico veterinario

Se non avete installato delle gattaiole o se il gatto non ha la possibilità di uscire, è facile prevedere che un giorno il vostro amico si metterà a grattare o a saltare di fronte alla porta per svegliarvi. Se decidete di alzarvi per aprirgli la porta del giardino o per dargli da mangiare, il gatto lo farà tutti i giorni. E per lui non ci sono né week-end, né ore invernali né estive.

Se volete evitarlo, è indispensabile prendere delle misure preventive:

• Non ricompensate mai i comportamenti indesiderati. In questa situazione, non rispondete ai suoi vocalizzi e al suo grattare alla porta. Dopo qualche settimana, capirà che la sua tecnica non funziona e l'abbandonerà.

• Sta a voi non indugiare davanti al gatto: all'inizio, per attirare la vostra attenzione, sarà ancora più rumoroso.

• Procurategli uno spazio per giocare; se ha la possibilità di uscire, potete installare una gattaiola e lasciategli comunque sempre a disposizione del cibo.

VEDI > AGGRESSIONE PP. 15, 244; ALIMENTAZIONE PP. 21, 158;

IMPASTAMENTO P. 76; PASTI (ORA DEI) P. 114; RITUALE PP. 121, 276; FUSA P. 65.

RITUALE. Comportamento codificato, carico di significati, acquisito a contatto con la madre.

- **LA SITUAZIONE TIPO:** il gatto sale sul lavandino e miagola in presenza del proprio umano.
- **A COSA PENSA IL GATTO:** «*Aprimi il rubinetto, voglio bere!*».

Il consiglio del medico veterinario

I rituali sono una concatenazione di gesti elementari della vita di tutti i giorni, ma svincolati dall'oggetto iniziale per diventare dei messaggi. In modo naturale e progressivo, il gatto mette in atto alcuni rituali per comunicare con il proprio umano. Sale sul lavandino e miagola perché vuole bere, gli spinge con il muso la mano per reclamare una carezza, con le zampe anteriori gli «impasta» le ginocchia per esprimere la propria felicità, gratta il vetro della finestra perché venga aperta, si pavoneggia davanti alla porta del frigorifero per avere da mangiare…

Tutti i comportamenti posso ritualizzarsi: è sufficiente ricompensarli. Questi rituali facilitano la comunicazione tra il gatto e noi. Caratterizzano un ambiente familiare e servono a favorire l'armonia nelle relazioni. Il venir meno di questi rituali, in seguito alla morte del compagno umano, all'abbandono o al cambio di casa, turba gravemente la comunicazione del gatto.

VEDI > CAREZZA P. 171; GATTAIOLA P. 68; CIBO (RICHIESTA DI) P. 173; MIAGOLIO P. 94, IMPASTAMENTO P. 76; RICOMPENSA P. 218; RITUALE P. 121, 276.

Capo,
un bicchiere per me e uno per il piccolo!

RUMORE.

VEDI > AMBIENTE P. 24.

SENILITÀ. Deterioramento fisico intellettuale considerato una conseguenza dell'invecchiamento.

- **LA SITUAZIONE TIPO:** di notte il gatto anziano vaga per la casa, miagolando.
- **A COSA PENSA IL GATTO:** «*Non so più dove sono né che ora è!*».

Il consiglio del medico veterinario

Il gatto anziano è incline a perdere una parte delle capacità cognitive: può dimenticare il proprio nome, perdere i riferimenti spaziali e anche le sue abitudini possono cambiare. Il gatto può subire mutamenti dell'appetito, possono insorgere artrosi, problemi dentali, disturbi vascolari, insufficienza renale. Per affrontare i problemi di salute legati all'invecchiamento è bene far visitare periodicamente il gatto dal medico veterinario di fiducia.

Per aiutarlo a vivere al meglio questa fase della vita occorre anche rivolgergli molte attenzioni. La nostra presenza per lui è rassicurante. Una particolare attenzione va prestata anche alla sua alimentazione e anche in questo caso i consigli del medico veterinario di fiducia sono preziosi.

VEDI > DEPRESSIONE P. 52; MINZIONE INAPPROPRIATA P. 96; MIAGOLIO P. 94; PAURA P. 209; SONNO P. 128.

SETE. Sensazione corrispondente a un bisogno d'acqua che può essere una spia di una malattia.

- **LA SITUAZIONE TIPO:** il gatto, nutrito con le scatolette, lascia da parte l'acqua.
- **A COSA PENSA IL GATTO:** «*Io, bere? Mai! Mi basta il paté*».

Il consiglio del medico veterinario

Il gatto, come i suoi antenati originari del deserto, non è un gran bevitore. Beve piccole quantità ma molto spesso, di giorno e di notte (da 12 a 16 volte al giorno). Per questo, deve disporre costantemente d'acqua fresca (l'ideale sarebbe tra 4 e 10° C). La quantità giornaliera d'acqua bevuta varia in funzione alle condizioni climatiche, all'attività fisica e alla dieta alimentare. Se somministrate al gatto un cibo umido (circa 75% d'acqua), il suo consumo d'acqua sarà ridotto e può addirittura essere nullo. Al contrario, se gli date delle crocchette (circa 10% d'acqua), il consumo d'acqua sarà notevole.

Lo stato di salute del gatto influenza il consumo d'acqua. Un aumento della sete può essere il campanello d'allarme di una grave malattia (diabete, insufficienza epatica, insufficienza renale cronica...). Diversamente dal cane, il gatto beve gradualmente in funzione dei propri bisogni idrici. Così, quando passerà bruscamente da un'alimentazione umida a una secca, compenserà la carenza d'acqua presente nella sua razione alimentare concentrando le urine, con il rischio che si formino dei calcoli alle vie urinarie.

Per evitarlo, è indispensabile che questa transizione alimentare avvenga in più giorni.

VEDI > ALIMENTAZIONE PP. 21, 158; DIABETE MELLITO P. 55; ACQUA P. 14; CIOTOLA P. 47.

SINDROME DELLA TIGRE. Aggressività predatrice del gatto verso l'uomo legata alla fame.

- **LA SITUAZIONE TIPO:** il gatto, in agguato, salta per mordere le caviglie del suo umano che rientra a casa la sera.
- **A COSA PENSA IL GATTO:** «*Ecco qualcosa da mettermi sotto i denti!*».

Il consiglio del medico veterinario

In natura, il gatto dedica gran parte del suo tempo alla caccia. La motivazione predatoria non viene spenta dalla sazietà, pertanto il gatto ama correre dietro a tutto ciò che si muove, soprattutto dopo ore di inattività. Chiuso in appartamento, nutrito due volte al giorno, non c'è da stupirsi se si getta sulle caviglie del proprio umano che rappresentano spesso per lui l'unica cosa che si muove. Questo comportamento, chiamato «sindrome della tigre», è la conseguenza di un vita in un luogo chiuso e povero di stimoli. Oltre ad aggressioni predatrici, il gatto può manifestare aggressività da irritazione quando gli vengono preparati i pasti, oppure bulimia. La migliore prevenzione è lasciare sempre a disposizione del cibo (controllando la quantità consumata), aiutarlo a tenere in allenamento l'interesse predatorio dirigendolo su palline e altri oggetti e appagando la sua attitudine al gioco (nascondendo, per esempio, il cibo in diversi oggetti e lasciandogli a disposizione giochi) e, se ne avete la possibilità, permettendogli di uscire.

VEDI > AGGRESSIONE DA IRRITAZIONE P. 17; ANSIA IN LUOGO

CHIUSO P. 29; APPARTAMENTO P. 32; BULIMIA P. 41; PASTI (ORE DEI) P. 114.

SONNO. Periodo di riposo indispensabile al recupero fisico e psichico dell'organismo.

- **LA SITUAZIONE TIPO:** il gatto, addormentato sul suo cuscino, muove i baffi e agita leggermente le orecchie e le zampe.
- **A COSA PENSA IL GATTO:** «*Che avventura emozionante!*».

Il consiglio del medico veterinario

Un gatto dorme da 9 a 12 ore in un giorno, con una durata di sonno notturno principale di circa 8 ore. Il sonno del gatto comprende diversi cicli che possono ripetersi più volte senza interruzioni. Ogni ciclo dura in media trenta minuti ed è caratterizzato da due fasi principali:

una fase di sonno lento

Durante questa fase, l'attività elettrica del cervello è lenta e c'è tono muscolare. É una fase indispensabile per il recupero della fatica fisica. L'organismo produce gli anticorpi e l'ormone della crescita.

una fase di sonno paradossale

L'attività elettrica del cervello è intensa, simile a quella della veglia, e il tono muscolare quasi assente. È una fase di sogno durante la quale gli occhi si muovono dietro alle palpebre chiuse e il respiro è irregolare.

Le vibrisse, le orecchie e le estremità degli arti sono a volte scossi da brevi movimenti come se il gatto stesse rivivendo alcuni momenti della sua giornata (gioco, lotta, avventura...).

Osservando attentamente il vostro gatto, potreste diventare i custodi dei suoi sogni...

È molto importante ricavargli all'interno dell'abitazione un posto tranquillo dove riposare indisturbato. Per evitare che il gatto al risveglio si faccia la manicure su mobili o poltrone è utile posizionare un apposito tiragraffi accanto alla zona di riposo. Appena sveglio, infatti, il gatto ha l'abitudine di farsi le unghie!

VEDI > ANSIA P. 28; DEPRESSIONE P. 52; IPERATTIVITÀ P. 78; SENILITÀ P. 123.

SOVRAPPOPOLAZIONE. Popolamento eccessivo in rapporto alla superficie di un territorio.

- **LA SITUAZIONE TIPO:** il gatto, adottato recentemente da una famiglia che vive in appartamento e che possiede già altri gatti, inizia a marcare il territorio urinando.
- **A COSA PENSA IL GATTO:** «*Non sopporto questa vita in comunità!*».

Il consiglio del medico veterinario

Se alcuni gatti sopportano senza batter ciglio e a volte cercano perfino la presenza dei propri simili, soprattutto se sono cresciuti insieme, altri, al contrario, sono meno inclini alla compagnia. In modo particolare, quando si tratta di condividere un territorio limitato.

L'arrivo di uno o più gatti può scatenare nel gatto residente, e a volte anche nei nuovi arrivati, un malessere che si traduce, tra le altre cose, in marcatura urinaria. Maggiore è il numero di gatti per metro quadro nell'abitazione, più alto sarà il rischio di una marcatura eccessiva. Per favorire l'integrazione, è necessario che il vostro appartamento sia sistemato in modo tale che gli ospiti non si annoino.

VEDI > APPARTAMENTO P. 32; CONVIVENZA PP. 177, 254; MARCATURA URINARIA REAZIONALE P. 92; TERRITORIO P. 136.

SPORCIZIA.

VEDI > MINZIONE INAPPROPRIATA P. 96; PULIZIA PP. 118, 272.

STIRAMENTO. Allungamento lento e progressivo di muscoli e tendini in preparazione a uno sforzo.

- **LA SITUAZIONE TIPO:** al risveglio, il gatto si stira e sbadiglia.
- **A COSA PENSA IL GATTO:** «*Sono pronto ad affrontare la giornata!*».

Il consiglio del medico veterinario

Il gatto è un atleta che si prende cura del proprio fisico. Al risveglio, incomincia col tenere il naso per aria, poi scioglie la colonna vertebrale e le articolazioni inarcando la schiena, contraendo le zampe e gli addominali. Continua stirando la schiena e gli arti anteriori, le unghie ben piantati, il mento raso terra, la schiena inarcata, il treno posteriore sollevato e la coda dritta. Questa posizione, nota a tutti, è utilizzata anche per tenere in esercizio le unghie e per marcare il territorio. In questo caso, il gatto pianta le unghie nell'appoggio prima di contrarre il fondoschiena, per poi riportare le unghie verso di sé. Alla fine, stira le zampe posteriori all'indietro, il treno anteriore sollevato e la schiena piatta.

Tutti questi movimenti di stretching gli permettono di riscaldarsi con calma, evitano gli indolenzimenti, tengono in allenamento la muscolatura e rendono più elastiche le articolazioni.

VEDI > TIRAGRAFFI P. 232; TERRITORIO P. 136; PULIZIA PP. 118, 272.

Si stira la zampa!
Si allunga la colonna vertebrale!
E...
Ci si pulisce!
COACH

TERMOSIFONE. Apparecchio che produce calore per convezione termica o per irraggiamento.

- **LA SITUAZIONE TIPO:** il gatto dorme sopra al termosifone.
- **A COSA PENSA IL GATTO:** «*Che posto confortevole!*».

Il consiglio del medico veterinario

Il gatto è meno sensibile di noi al calore. Sopporta allegramente il contatto con superfici calde fino a 50°C. Probabilmente ha ereditato questa tolleranza dai suoi antenati che vivevano nel deserto. In casa adora fare il pisolino su tutto ciò che è caldo, dal termosifone alla caldaia, per passare alle ginocchia dell'umano con cui vive. All'esterno, ama particolarmente riposarsi sul cofano ancora caldo delle auto, o meglio sotto per essere ancora più vicino alla fonte di calore.

Questo comportamento è all'origine di gravi incidenti, a volte mortali, soprattutto per i gattini che, essendo di piccole dimensioni, s'infilano più facilmente. Se sapete che ci sono gatti che gironzolano nel quartiere, prima di avviare l'auto, suonate il claxon o battete sul cofano.

Il gatto adora anche crogiolarsi al sole ma, nonostante la pelliccia, non è al sicuro dagli effetti nefasti dei raggi ultravioletti. Il bordo delle orecchie, con pochi peli, è particolarmente vulnerabile, soprattutto nei gatti dalle orecchie bianche. Le lesioni hanno inizio con un rossore, per poi degenerare in ulcerazioni, croste e possono a volte sanguinare. Se il vostro gatto ha le orecchie bianche, proteggetele con una crema solare ad alto fattore di protezione o tenetelo in casa durante le ore più calde della giornata.

VEDI > ORECCHIO P. 110.

TERRITORIO. Insieme di appezzamenti collegati tra loro, il cui accesso è più o meno libero.

- **LA SITUAZIONE TIPO:** sistemato su uno scaffale, il gatto osserva il salone.
- **A COSA PENSA IL GATTO:** *«Questo è un ottimo posto per sorvegliare il mio territorio»*.

Il consiglio del medico veterinario

Il gatto è un animale territoriale. Per il proprio equilibrio, ha bisogno di un territorio ben delimitato e stabile. Il suo territorio è costituito da diversi appezzamenti o zone territoriali associate a un particolare comportamento. Le zone di attività sono luoghi dove il gatto si dedica a una precisa attività: alimentazione, gioco, osservazione... Le zone di isolamento sono quelle in cui si riposa o si rifugia. Sono nascoste e spesso situate in alto. Le zone territoriali e i passaggi che le collegano sono delimitati tramite tracce olfattive e visuali. Sul territorio del gatto la tolleranza verso i consimili varia a seconda dell'umore e della natura della zona territoriale. Alcune vengono difese, come le zone di riposo o la zona di riproduzione, in particolare quando una femmina in calore ci si avventura. Al contrario, altre sono accessibili. Molti gatti possono utilizzare contemporaneamente la stessa parte di territorio, ma spesso, per evitare gli incontri ed eventuali zuffe, le frequentano in ore diverse della giornata.

VEDI > ACCOPPIAMENTO P. 242; CALORE P. 252; CACCIA PP. 43, 169; TRASLOCO P. 142; UNGHIE (FARSI LE) P. 147; GERARCHIA P.

260; GIOCO P. 73; LETTIERA (CASSETTA PER) P. 84; MARCATURA FACCIALE P. 90; PULIZIA PP. 118, 272; PASTI (LUOGO DEI) P. 115.

TOILETTE. Attività che permette al gatto di restare pulito, dalla testa fino all'estremità della coda.

- **LA SITUAZIONE TIPO 1**: il gatto si pulisce meticolosamente la testa con la zampa dopo aver mangiato.
- **A COSA PENSA IL GATTO:** «*Una bella pulizia dopo un buon pasto, ecco cosa ci vuole*».

Il consiglio del medico veterinario

Nei primi giorni di vita, il gattino viene pulito dalla madre. Verso la 4ª-5ª settimana, con l'aiuto materno, comincia a pulirsi da solo. La toilette è un'attività essenziale per il gatto che le dedica circa un terzo del proprio tempo. Per pulirsi la testa e il collo, il gatto utilizza le zampe. Comincia con il bagnarsene una, poi la strofina nelle zone che vuole pulire, come se si trattasse di un guanto di spugna. Molto spesso questo rituale avviene subito dopo i pasti.

Per il resto del corpo, si serve della lingua ruvida. Munita di piccole escrescenze, agisce come un pettine: liscia il pelo e trattiene lo sporco, i parassiti e il pelo morto. Quest'ultimo è inghiottito e forma nello stomaco delle palline di pelo che vengono eliminate nelle feci o rigurgitate. A volte il pelo si accumula nello stomaco ed è all'origine di disturbi digestivi, soprattutto nelle razze a pelo lungo.

VEDI > PALLA DI PELO P. 113; PULIZIA PP. 118, 272; PASTI (ORA DEI) P. 114; TOILETTE P. 235.

Ogni tanto potresti leccarti!
Ascolta, mamma, cerca di capire!

- **LA SITUAZIONE TIPO 2**: il gatto si pulisce dopo essersi azzuffato con un proprio simile.
- **A COSA PENSA IL GATTO:** «*Devo darmi una calmata*».

Il consiglio del medico veterinario

Per il gatto pulirsi ha diverse funzioni:
• Serve a eliminare i parassiti e a mantenere il pelo pulito e lucido. L'evaporazione della saliva che deposita sul pelo contribuisce, in più, a regolare la temperatura corporea, soprattutto nei periodi di canicola.
• Permette di recuperare la vitamina D (sintetizzata dal sole, a partire dagli acidi grassi che l'epidermide secerne). È per questo motivo che non bisogna bagnare il gatto troppo spesso.
• Aiuta a superare la tensione che segue certi momenti di disagio: dopo aver mancato la preda, dopo una zuffa con un proprio simile o in seguito a un controllo veterinario. Quando aumenta lo stress, la leccatura può divenire pressoché costante in certe parti del corpo. Possono allora presentarsi zone in cui il pelo scarseggia o non c'è.
• Permette alla madre di garantire l'igiene dei piccoli e di sviluppare la loro sensibilità tattile.
• È un'attività sociale che consente a due individui vicini di mescolare i propri odori e di dimostrarsi amicizia reciproca. E di rinsaldare i rapporti sociali.

VEDI > ALOPECIA P. 23; BAGNO P. 164; PALLA DI PELO P. 113; ODORE CORPOREO P. 266; ONICOFAGIA P. 108; PULIZIA PP. 118, 272; PULCE P. 117; STRESS P. 225.

***Mancanza di pulizia*. Scomparsa totale o parziale della cura dell'igiene del corpo.**

- **LA SITUAZIONE TIPO:** il gatto anziano ha dei nodi nel fondo schiena e dietro alle cosce.
- **A COSA PENSA IL GATTO:** «*Non posso pulirmi dappertutto!*».

Il consiglio del medico veterinario

Un bel pelo lucido e ben mantenuto indica che il gatto è in buona salute. Al contrario, una pelliccia in cattivo stato, sporca, cosparsa di pellicine e di nodi può dipendere da una malattia interna, da un' alimentazione non equilibrata o carente, da allergia, da infezione parassitaria (pulci) o da una malattia della pelle.

Può anche essere la conseguenza di una mancanza di pulizia perché il gatto è indebolito da una malattia o soffre di depressione o non è in grado di raggiungere alcuni punti del corpo (dietro alle cosce, intorno all'ano) per mancanza di flessibilità, dolori articolari o sovrappeso.

L'assenza di pulizia può essere inoltre il sintomo di una crescita anormale delle unghie o di una infiammazione alle ghiandole situate intorno all'ano.

VEDI > ALIMENTAZIONE PP. 21, 158; BULIMIA P. 41; DEPRESSIONE P. 52; UNGHIA P. 146; OBESITÀ P. 102; PULCE P. 117; SENILITÀ P. 123; TIGNA P. 227; TOILETTE PP. 138, 235.

TRASLOCO. Cambiamento di domicilio.

- **LA SITUAZIONE TIPO 1**: il gatto si mette a graffiare la tappezzeria e a urinare sui muri del nuovo appartamento.
- **A COSA PENSA IL GATTO:** «*Che stress questo cambiamento di territorio!*».

Il consiglio del medico veterinario

Per il gatto la casa è un punto di riferimento di fondamentale importanza: in essa trova le sue certezze. Per il piccolo felino, non troppo amante delle trasferte, un trasloco è quindi uno stress rilevante e impiega un po' di tempo per adattarsi alla nuova dimora. Perde tutti i suoi riferimenti territoriali per ritrovarsi in un luogo privo di tutti gli odori familiari. Se il senso di precarietà è troppo forte, il gatto può rispondere con la marcatura del nuovo territorio (marcatura reazionale) un modo di definire le coordinate di orientamento nel nuovo ambiente. Questa reazione normale di fronte a uno stress si esaurisce dopo qualche giorno. Al contrario, se l'umano punisce il gatto, lo stress aumenta e impedisce di trovare un equilibrio. Il gatto svilupperà allora una forma di ansia di deterritorializzazione che si manifesterà con l'intensificazione della marcatura urinaria, graffi e mancanza di pulizia. Questi sintomi possono essere accompagnati da altre manifestazioni di ansia (irritabilità, aggressività, bulimia, onicofagia...).

Affinché il vostro gatto si ambienti più facilmente nella nuova casa, è indispensabile prendere alcune precauzioni:

Durante il trasloco: chiudete il gatto in una stanza tranquilla della casa con le sue ciotole, i suoi giochi, la sua cesta e la sua lettiera. Eviterete che approfitti di tutto il trambusto per darsela a gambe. Aspettate l'ultimo momento per trasportarlo nella sua nuova dimora.
Dopo il trasloco: sistematelo in una camera con i suoi oggetti personali. Sarà molto più facile per lui cominciare a delimitare un piccolo territorio. Per aiutarlo a ritrovare i suoi riferimenti, spruzzate nei punti principali della camera uno spray a base di feromoni facciali tranquillizzanti o utilizzate un diffusore elettrico di feromoni. Non punitelo se nei primi giorni marca il territorio urinando. Per pulire, evitate i prodotti a base di ammoniaca e di cloro (candeggina) che stimolano la marcatura. Uno volta che lo avrete visto gironzolare sui mobili, per marcare il proprio territorio, permettetegli di entrare nelle altre stanze.

Se passate da un appartamento senza possibilità di uscita per il vostro gatto a una casa con giardino, aspettate che abbia ben delimitato la casa prima di lasciare che corra fuori. Altrimenti, rischia di non riuscire a ritornare a casa. Per la sua prima passeggiata, fatelo uscire a digiuno (il cibo è un modo di richiamarlo molto efficace).

VEDI > ANSIA DA DETERRITORIALIZZAZIONE P. 29; BULIMIA P. 41; UNGHIA (GRAFFIATA) P. 146; MARCATURA FACCIALE P. 90; MARCATURA URINARIA REAZIONALE P. 92, ONICOFAGIA P. 108; TERRITORIO P. 136.

TRASPORTINO. Contenitore in plastica o in vimini, dotato di un'apertura con rete metallica e di una maniglia, indispensabile per il trasporto del gatto.

- **LA SITUAZIONE TIPO:** il gatto si rifiuta di entrare nel suo trasportino.
- **A COSA PENSA IL GATTO:** «*Qui non c'è nessun odore rassicurante*».

Il consiglio del medico veterinario

Il trasportino è un accessorio indispensabile. Permette di trasportare il gatto in tutta tranquillità. Perché accetti di entrarci e di restarci, dovete abituarlo fin dalla più tenera età. Sceglietene uno di qualità in plastica (deve durare per tutta la vita del vostro gatto) e che sia smontabile, per facilitarne la pulizia. Se avete intenzione di prendere l'aereo con il vostro gatto, verificate che il trasportino sia idoneo al trasporto aereo. Evitate le ceste in vimini, difficili da pulire e poco resistenti, come anche le borse strette e mal areate.
• Alla partenza, tenete la porta aperta, mettete all'interno una coperta molto comoda, dei giochi e una ciotola con qualche crocchetta. Il vostro gattino curioso vi entrerà rapidamente per vedere cosa succede lì dentro e potrà anche farci un pisolino.
• Successivamente, potrete chiuderlo aumentando poco alla volta il tempo di chiusura, poi trasportatelo. Perché il suo trasportino diventi la sua seconda casa, lasciatelo costantemente aperto e accessibile. Ci andrà regolarmente per lasciarci le proprie tracce rassicuranti. Per tranquillizzarlo,

potete anche spruzzare nel trasportino uno spray a base di feromoni facciali tranquillizzanti.

VEDI > MARCATURA FACCIALE P. 90; AUTOMOBILE P. 37.

UNGHIA. Parte cornea e appuntita che si trova all'estremità delle dita del gatto.

Il gatto possiede delle unghie retrattili. Lunghe e affilate, sono armi temibili e un risorsa straordinaria per arrampicarsi sugli alberi e sfuggire dai nemici. Inoltre servono a marcare il territorio.

***Graffiata*. Ferita, provocata dalle unghie del gatto.**

- **LA SITUAZIONE TIPO:** il gattino non correttamente educato lacera le mani del proprio umano.
- **A COSA PENSA IL GATTO:** «*Mi lascia fare, continuo*».

Il consiglio del medico veterinario

Il cucciolo impara a controllare la mascella e a ritrarre le unghie per non ferire, mentre gioca con la madre e i suoi simili. Una volta nella sua nuova casa, deve continuare la propria formazione con l'umano con cui vive. Se, giocando, il gatto si agita e si mette a graffiare o a mordere le mani, bisogna fare un versetto tipo: «Ahi» e poi sospendere immediatamente il gioco.

Per salvarci mani e caviglie, è utile anche evitare di stimolare troppo l'istinto predatorio su di noi indirizzandolo su altri oggetti.

La malattia da graffio del gatto

È una malattia batterica che può essere trasmessa all'uomo con un graffio o un morso. I gatti infetti non presentano alcun sintomo clinico.

Nell'uomo, qualche giorno dopo essere stati graffiati o

morsicati, la malattia si manifesta con piccole lesioni cutanee discrete e poco dolorose, in seguito può subentrare una ipertrofia del ganglio vicino alla ferita. La malattia è spesso di scarsa importanza e ha una guarigione spontanea in alcune settimane.

Come prevenzione, fate sterilizzare il gatto e trattatelo contro le pulci tutto l'anno. Disinfettate tutti i graffi e i morsi anche se benigni.

VEDI > IPERATTIVITÀ P. 78; MORSO P. 200; PULCE P. 117; SINDROME DELLA TIGRE P. 126.

Farsi le unghie. **Azione che il gatto compie per lacerare un supporto con le unghie anteriori, per mantenerle in buono stato ma anche per marcare il territorio.**

- **LA SITUAZIONE TIPO 1**: il gatto graffia le gambe della poltrona dove dorme.
- **A COSA PENSA IL GATTO:** «*Proprietà privata, vietato entrare!*».

Il consiglio del medico veterinario

Nel gatto le unghiate sono un comportamento naturale. Si praticano con le unghie anteriori: il gatto inizia con lo scegliere un supporto ben visibile, di solito verticale (albero, palo, tappezzeria, mobile…), pianta le unghie, poi le riporta verso di sé, alternando le zampe e lacerando il supporto. Questa attività serve al gatto per mantenere le unghie in buono stato, affilarle e soprattutto per marcare il proprio territorio. Questi segni sono visivi e olfattivi grazie al deposito di feromoni liberati dalle ghiandole situate tra le dita. Segnalano inoltre la presenza di un gatto e vengono praticati vicino alle zone territoriali di isolamento (luogo di escrezione, di riposo o rifugio). Di conseguenza, gli altri gatti evitano il territorio marcato. Questa marcatura è, in generale, più frequente nei gatti che sono stati separati precocemente (verso la 6a settimana) dalla propria madre. Come per la marcatura urinaria, lo stress aggrava questo comportamento.

VEDI > STIRAMENTO P. 132; UNGHIA (GRAFFIATA) P. 146; MARCATURA P. 88; MARCATURA URINARIA P. 92; FEROMONI P. 258; STRESS P. 225; TERRITORIO P. 136.

- **LA SITUAZIONE TIPO 2**: il gatto, in seguito all'arrivo di un cane, si mette a graffiare diversi supporti, in zone ben visibili.
- **A COSA PENSA IL GATTO:** «*Non la voglio questa convivenza!*».

Il consiglio del medico veterinario

Un gatto che inizia a ridecorare brutalmente la casa a unghiate ha sicuramente le sue buone ragioni. Di solito è la manifestazione di una contrarietà forse provocata dall'impossibilità di isolarsi, da un trasloco, dalla presenza di un nuovo gatto nel vicinato o dalla sovrappopolazione... In questo caso, le unghiate sono sparse per tutta la casa, in zone ben visibili, ma non hanno nessun rapporto con la zona di isolamento, di escrezione o di alimentazione. A volte sono associate ad altre manifestazioni d'ansia (aggressività, marcatura del territorio urinando, pulizia ossessiva...). Applicando per diverse settimane feromoni tranquillizzanti nelle zone graffiate, il gatto si tranquillizza e riduce le unghiate. Bisogna evitare di punire il gatto perché questo non farebbe che aumentare lo stress e aggravare la situazione.

VEDI > AGGRESSIONE PP. 15, 244; ANSIA P. 28; ANSIA DA DETERRITORIALIZZAZIONE P. 29; GATTAIOLA P. 68; CONVIVENZA P. 177, 254; TRASLOCO P. 142; UNGHIA (GRAFFIATA) P. 146; TIRAGRAFFI P. 232; MARCATURA URINARIA P. 92; PUNIZIONE P. 214; STRESS P. 225; SOVRAPPOPOLAZIONE P. 130; TOILETTE P. 138, 235.

URINA.

VEDI > CISTITE P. 49; MARCATURA URINARIA P. 92.

VACANZE. Periodo di riposo e di piacere per gli esseri umani, e spesso di stress per il gatto.

- **LA SITUAZIONE TIPO**: dopo la partenza dei suoi conviventi umani, il gatto si ritrova solo con una tata temporanea che si prende cura di lui.
- **A COSA PENSA IL GATTO:** «*Sono un po' triste che siate partiti, ma contento di restarmene a casa mia*».

Il consiglio del medico veterinario

Le vacanze sono sempre un tormento per chi ha un gatto. Lo portiamo con noi? Bisogna restare a casa per non traumatizzarlo o a chi può essere affidato senza che ne soffra troppo?

Ecco le reazioni che potrebbe avere il vostro gatto in seguito alle vostre scelte:

• Non partite. «Fantastico, non cambia niente nelle mie piccole abitudini. Comunque, un po' di vacanze avrebbero fatto bene; sei un po' stressato in questo momento».

• Lo portate in vacanza con voi: «Sono felice di venire in vacanza, ma dovrai scegliere un luogo di villeggiatura adatto alle mie esigenze, alla mia età e alla mia salute. Altrimenti soffrirò. Ah, devi anche informarti con anticipo sulle regole di viaggio e sugli obblighi legati alla mia presenza».

• Lasciate il gatto a qualcuno che se ne occupi: «Anche se la tua partenza un po' mi rattrista, sono felice di restarmene a casa».

• Lo portate nella vostra seconda casa: «Fantastico! Rivedrò il mio secondo territorio; spero che la mia marcatura non si sia cancellata!».

• Lo mettete in pensione: «In questo posto sono un po' disorientato: ho perso tutti miei riferimenti, e in più, mi lasci con delle persone e dei gatti che non conosco... ma se porti la mia cuccia preferita e i miei giochi, farò meno fatica ad adattarmi. E poi, attenzione: a me piace essere accudito e pulito. Visita la pensione senza preavviso prima di lasciarmi lì e chiedi consiglio al mio medico veterinario o ad amici che l'abbiano già provata».

VEDI > ANSIA IN LUOGO CHIUSO P. 29; TRASLOCO P. 142; MAL D'AUTO P. 86; MARCATURA FACCIALE P. 90; PENSIONE P. 211; TERRITORIO P. 136; AUTOMOBILE P. 37.

VETERINARIO. Il medico che previene, diagnostica e cura le malattie degli animali.

- **LA SITUAZIONE TIPO:** sul tavolo del medico veterinario il gatto, un po' agitato, traspira dai cuscinetti.
- **A COSA PENSA IL GATTO:** «*Che stress questa visita!*».

Il consiglio del medico veterinario

La visita dal medico veterinario può essere più o meno stressante perchè dipende da tanti fattori, non ultimo la fiducia verso il medico veterinario da parte nostra.

Alcune manualità possono certamente richiedere un po' di pazienza in più: se tutti collaborano serenamente, come accade quasi sempre, la visita non sarà un evento sgradevole.

In caso di difficoltà o di manualità impegnative, è fondamentale mantenere la calma, rassicurare il gatto e seguire le indicazioni del medico veterinario. Se il micio è particolarmente esigenze o impaurito, esiste sempre l'opzione delle visite a domicilio.

VEDI > AGGRESSIONE DA PAURA P. 18; PAURA P. 209; FEROMONI P. 258; FOBIA P. 63; STRESS P. 225.

VISTA. Senso che permette la percezione della luce, dei colori e delle forme.

- **LA SITUAZIONE TIPO:** al buio il gatto ha gli occhi che brillano al passaggio di un'automobile.
- **A COSA PENSA IL GATTO:** «*Non è il caso che m'abbagli, ti avevo già visto!!*».

Il consiglio del medico veterinario

Nel gatto la vista è il senso più sviluppato. La posizione frontale degli occhi gli dà un'ampia visione binoculare (120°), ideale per determinare la distanza che lo separa dalla preda. Le pupille a geometria variabile si riducono a una sottile fessura per evitare che sia abbagliato e si dilatano al buio per far passare la maggior quantità di luce possibile, perfetta per individuare le prede al calar della notte. Il tappeto lucido posto sotto la retina, aumenta notevolmente la sensibilità del gatto alle luci deboli. Gli consente di vedere sotto le stelle come se fosse in pieno giorno e dà ai suoi occhi un riflesso verdastro facilmente visibile quando sono illuminati dai fari di un'auto. L'unico neo di questa vista straordinaria: una visione dei colori limitata al blu, verde e giallo.

Non tutti i gatti però sono temibili cacciatori notturni. I siamesi, per esempio, soffrono frequentemente di strabismo convergente che ostacola la visione tridimensionale e riduce le performance durante la caccia. Questo capriccio oculare, tutto sommato affascinante, è causato da una deformazione congenita delle vie nervose ottiche. Compare verso i 3 anni d'età e si accentua nei momenti di stress o quando il gatto si concentra su un oggetto. Secondo la leggenda, lo strabismo del siamese sarebbe dovuto al fatto che tanto tempo fa fu messo a fare la guardia a un vaso prezioso. Coscienzioso fino all'eccesso, lo fissò così attentamente che i suoi occhi divennero strabici…

VEDI > CACCIA PP. 43, 169; STRESS P. 225.

ITALIANO GATTO

ALIMENTAZIONE. Apporto di cibo indispensabile per il mantenimento delle funzioni del mio organismo e spesso vero e proprio rompicapo per il mio amico umano.

- **LA SITUAZIONE TIPO:** lei/lui serve un altro piatto al proprio gatto che gratta vicino alla ciotola e si rifiuta di mangiare.
- **A COSA PENSA IL GATTO:** «*Fantastica questa tecnica per avere qualcosa di nuovo!*».

Il consiglio del medico veterinario

Il gatto è molto esigente nelle scelta della propria alimentazione. Prima di assaggiare un cibo, lo annusa. Se l'odore gli piace, inizia la degustazione. Se non sente il gusto (perché è affetto da coriza), se l'odore non è di suo gradimento o semplicemente non ha appetito, se ne va con aria disgustata o inizia a grattare vicino alla ciotola. L'umano, preoccupato che il gatto possa morire di fame, si affretta a cambiare il menu. Il gatto, allora, si butta sulla razione sotto lo sguardo sollevato dell'umano. In questo modo capisce come ottenere ciò che vuole e diventa sempre più esigente. Fate comunque molta attenzione all'alimentazione: il regime alimentare dovrà essere sano ed equilibrato per la sua salute, ma anche per la sua bellezza. Il sovrappeso e l'obesità, anche a causa di una vita troppo sedentaria, sono sempre più frequenti. Occhio quindi alle calorie e alla percentuale proteica degli alimenti. E non dimenticate che in presenza di particolari patologie o stadi della vita, il gatto può aver bisogno di una dieta specifica.

VEDI > ALIMENTAZIONE P. 21; ANORESSIA P. 25; BULIMIA P. 41; CORIZA P. 51; CIOTOLA P. 47; GUSTO P. 75; OLFATTO P. 106; RITUALE PP. 121, 276.

ALLATTAMENTO ARTIFICIALE. Tipo di allattamento utilizzato dal mio amico umano per sostituire il buon latte della mia mamma.

- **LA SITUAZIONE TIPO:** lei/lui dà il biberon al gattino che è stato abbandonato prima di essere svezzato.
- **A COSA PENSA IL GATTO:** «*Ho trovato una nuova mamma*».

Il consiglio del medico veterinario

L'allattamento artificiale è indispensabile quando il gattino è stato abbandonato nei primi giorni di vita, la madre è morta o non ha sufficiente latte per la numerosa cucciolata. In quest'ultimo caso, i gattini non crescono abbastanza, dormono male, si agitano e piangono.

• Procuratevi un biberon speciale per gattini. Assicuratevi che la tettarella sia adatta alla loro bocca e che il foro sia sufficientemente grande.

• Non utilizzate latte vaccino, insufficiente per coprire i bisogni nutrizionali del piccolo, ma un latte artificiale speciale per i cuccioli.

• La 1a settimana, dategli 7 biberon al giorno, 6 la 2a, poi 5 la 3a e 4 la 4a.

• Per aiutare la madre, nutrite i gattini di giorno e lasciate il latte materno per le poppate notturne.

• Prima della poppata, verificate che il latte sia alla giusta temperatura (38 °C).

• Svegliate il gattino, frizionandolo un po' con un asciugamano umido e tiepido (come se la madre lo leccasse).

• Mettete il cucciolo sulla pancia in posizione inclinata per evitare i rigurgiti.
• Finito il biberon, massaggiategli dolcemente la regione anale con un panno umido e tiepido per stimolare il riflesso di minzione e defecazione (quello che farebbe la madre leccando il micino).
• Ogni volta, dopo aver utilizzato il biberon, pulitelo (con prodotti per la pulizia dei biberon dei neonati) e sterilizzate accuratamente anche la tettarella. I gattini cresciuti con latte artificiale sono facilmente soggetti a infezioni.
• Per essere certi del buon sviluppo del cucciolo, pesatelo almeno una volta al giorno. Durante le prime settimane, un gatto di solito aumenta da 10 a 15 g al giorno (circa 100 g la settimana) e raddoppia il peso alla nascita in 10 giorni.
• A partire dalla 3a settimana, iniziate a insegnargli a bere il latte direttamente da una ciotolina.

VEDI > ATTACCAMENTO P. 250; AUTOCONTROLLO P. 162; IMPRINTING P. 192; MAMMELLE P. 264; SVEZZAMENTO P. 227.

APPRENDIMENTO.

VEDI > IMPRINTING P. 192; PERIODO DI SOCIALIZZAZIONE P. 212; TEST DI SOCIEVOLEZZA P. 230.

AUTOCONTROLLO. Capacità di controllo di movimenti, graffi e morsi.

- **LA SITUAZIONE TIPO:** lei/lui sospende il gioco quando il gattino lo morde e lo graffia.
- **A COSA PENSA IL GATTO:** «*Ho capito, mi do una calmata*».

Il consiglio del medico veterinario

Verso la 5a settimana, spuntano i denti da latte e i morsi incominciano a essere dolorosi. Se il cucciolo non controlla il morso durante la poppata o quando gioca, la madre lo richiama. Gli dà una zampata sul naso o gli prende la testa tra le zampe anteriori e gli graffia l'addome con le zampe posteriori. Inoltre regola i giochi tra i piccoli. Quando un gattino morso piange, la madre accorre e punisce il colpevole. A contatto con la madre, i fratelli e le sorelle, il gattino impara così a controllare i propri movimenti, il morso e a ritrarre le unghie. Una volta arrivato a casa, dovete tassativamente continuare questa formazione, anche se i graffi inflitti dal gattino sono leggeri. Se il cucciolo vi morde o vi graffia, sospendete il gioco. Siate decisi: un gattino non ha bisogno di «farsi i denti e le unghie» sulle vostre mani. Potete anche farlo confrontare con dei gatti adulti che lo richiameranno alle buone maniere se si comporta male.

VEDI > UNGHIA (GRAFFIATA) P. 146; IPERATTIVITÀ P. 78; MORSO P. 200; PUNIZIONE P. 214.

Forse sono un po' troppo permissivo!
Ahi!

BAGNO. Pulizia con il sapone riservata, innanzitutto, a una certa élite felina.

- **LA SITUAZIONE TIPO:** lei/lui cerca di fare il bagno al gatto adulto per la prima volta e questo si rifiuta ostinatamente.
- **A COSA PENSA IL GATTO:** «*Non è alla mia età che farò il mio primo bagno*».

Il consiglio del medico veterinario

Solo i gatti da esposizione, a pelo lungo e setoso, o incapaci di farsi la propria pulizia (obesi, anziani o con un handicap) e quelli che si sono sporcati accidentalmente, hanno bisogno di fare il bagno. Se non volete che il primo bagno del vostro gatto si trasformi in una battaglia campale, abituatelo a fare il bagno dal 3° mese di vita.

• Prima del bagno, pettinatelo per districare i nodi.
• Utilizzate dell'acqua alla temperatura di circa 37 °C.
• Bagnate tutto il pelo, applicate un shampoo specifico, poi frizionatelo energicamente per far penetrare la schiuma.
• Lasciatelo in posa alcuni minuti e risciacquate con cura.
• Strizzate il pelo con le mani per eliminare la maggior quantità d'acqua possibile e avvolgetelo con un asciugamano molto caldo per assorbire il resto dell'acqua.

Dopo il bagno, l'odore naturale del gatto è sostituito da un altro artificiale. Questo cambiamento di odore può turbare gli altri gatti, che inizialmente, potrebbero non riconoscere più il proprio simile. Questo può anche essere motivo di lite. State tranquilli: dopo alcune sedute di leccatura e di strofinamento reciproco, il gatto recupererà velocemente l'odore del gruppo.

VEDI > MARCATURA FACCIALE P. 90; ODORE CORPOREO P. 266; TOILETTE PP. 138, 235, PULIZIA RECIPROCA P. 274.

BATTERE DEI DENTI. Rumore secco prodotto dal brusco impatto dei miei denti tra loro.

- **LA SITUAZIONE TIPO:** lei/lui apre la porta vetrata al gatto che batte i denti vedendo dall'altra parte del vetro una gatto che corre sul terrazzo.
- **A COSA PENSA IL GATTO:** «*Troppo tardi, m'è scappato!*».

Il consiglio del medico veterinario

Il battere dei denti da parte del gatto è un comportamento che il piccolo felino mette in atto quando non può arrivare a ciò che desidera. Ha luogo, per esempio, quando vede, senza poterla acchiappare, una mosca che vola in una camera oppure attraverso la porta vetrata del soggiorno, un topo che passeggia sul terrazzo o un uccello che sta mangiando dei vermi nel giardino.

Il battere dei denti è spesso associato a un'oscillazione della coda che esprime la sua eccitazione.

Il gatto può anche battere i denti e salivare in seguito a una frattura dentale che può essere curata estraendo il dente spezzato e la sua radice.

VEDI > AGGRESSIONE RIDIRETTA P. 19; VOLATILE P. 238; CODA P. 50.

BIMBO. Cucciolo umano che gattona, sgambetta, piange e dispone di un posto molto confortevole dove riposarsi.

- **LA SITUAZIONE TIPO:** con l'aiuto di uno spruzzino, lei/lui spruzza a distanza il gatto che salta nella culla acquistata prima dell'arrivo del bimbo.
- **A COSA PENSA IL GATTO:** «*Non è certo un buon modo per educarmi!*».

Il consiglio del medico veterinario

La culla è un luogo che attira molto il gatto. È calda, confortevole e ha un buon odore di latte. Tre buone ragioni per andare a coricarsi a fianco del neonato di casa. Se il rischio di soffocamento del bimbo è minimo, a oggi, non ci sono prove che accertino il contrario. In ogni caso, non è prudente lasciare un gatto solo nella stanza del bambino.

VEDI > AGGRESSIONE DA IRRITAZIONE P. 17; AGGRESSIONE DA PAURA P. 18; LATTE P. 196; PUNIZIONE P. 214; TERMOSIFONE P. 134.

CACCIA. **Inseguimento di animali per catturarli.**

LA SITUAZIONE TIPO: Il gatto vede volare una mosca.

A COSA PENSA IL GATTO: «*Prima o poi ti acchiappo*».

Il consiglio del medico veterinario

Il gatto ha una spiccata attitudine predatoria che lo induce a correre dietro agli oggetti in movimento e a provare gratificazione ad afferrarli. La vista di una mosca o anche solo la freccetta del mouse sono sufficienti destare il suo interesse.

Soddisfare la sua motivazione predatoria all'interno delle mura domestiche non è difficile: basta un rocchetto di legno, piccoli giocattoli dalla forma rotondeggiante o dalla superficie riflettente e il nostro gatto potrà accontentare i propri desideri.

VEDI > CACCIA PP. 43; VOLATILE PP. 238; TOPO (GIOCO) PP. 237.

CARETZZA. Momento di benessere condiviso con il mio amico umano.

- **LA SITUAZIONE TIPO:** lei/lui, seduto sulla poltrona, accarezza il gatto che si addormenta.
- **A COSA PENSA IL GATTO:** «*Le tue carezze mi ricordano le coccole della mia mamma...*».

Il consiglio del medico veterinario

Il gatto ben socializzato con l'uomo ama essere accarezzato, ma non dappertutto. Gli ricorda certamente le sedute di «leccatine» della madre. Apprezza particolarmente le carezze sulle guance, il mento, il collo e i fianchi. Sono gli stessi punti che strofina su altri esseri viventi e sugli oggetti familiari dell'ambiente che lo circonda.

È invece molto più restio a lasciarsi accarezzare alla base della coda e sulla pancia. L'addome è una zona molto vulnerabile. Solo i gatti più domestici tollerano di essere accarez-

CARDIOGATTOTERAPIA

zati in questo punto dal proprio umano: una dimostrazione di fiducia incondizionata. Gli altri potrebbero comportarsi come se si trattasse di un'aggressione: graffiando e mordendo.

Anche se non vi stanchereste mai di accarezzare il vostro gatto, lui può averne abbastanza dopo un po' di tempo. Occorre allora non prolungare le carezze e fare più sessioni di coccole. In ogni caso bisogna sospenderle immediatamente ai primi segnali di irritazione (battito della coda, tensione del corpo), prima che il gatto ve lo chieda in modo non molto amichevole.

VEDI > GATTO CHE MORDE QUANDO VIENE ACCAREZZATO P. 70; UNGHIA (GRAFFIATA) P. 146; MARCATURA FACCIALE P. 90; MORSO P. 200; PERIODO DI SOCIALIZZAZIONE P. 212; CODA P. 50.

CIBO.

VEDI > ALIMENTAZIONE PP. 21, 158; ALLATTAMENTO ARTIFICIALE P. 160; RICHIESTA DI CIBO P. 173; SOMMINISTRAZIONE DI CIBO P. 175.

CIBO (RICHIESTA DI). Piccolo rituale che mi consente d'ottenere cibo a volontà.

- **LA SITUAZIONE TIPO:** lei/lui dà da mangiare al proprio gatto che gratta il frigorifero.
- **A COSA PENSA IL GATTO:** «*Funziona per avere da mangiare!*».

Il consiglio del medico veterinario

Il gatto ama sgranocchiare ma spesso viene nutrito 2 volte al giorno o, peggio ancora, una volta. Affamato, si mette a reclamare il pasto, miagolando e grattando la porta del frigorifero, strofinandosi contro le gambe dell'amico umano o sedendosi davanti alla propria ciotola. Ricompensato con delle crocchette o del paté, il gatto comprende velocemente come ottenere cibo a volontà. E, anche quando non ne chiede, convinti che il nostro gatto abbia sempre fame, interpretiamo in modo errato alcuni comportamenti come fossero richieste di cibo. Se la quantità somministrata non è controllata, questi piccoli rituali hanno immancabilmente come conseguenza il sovrappeso. Per prevenire il rischio d'obesità, optate per le crocchette, pesate la quantità giornaliera e lasciatela a disposizione del gatto, così potrà mangiare a tutte le ore del giorno e della notte senza dover elemosinare o superare la quantità necessaria.

VEDI > ALIMENTAZIONE PP. 21, 158; BULIMIA P. 41; MIAGOLIO P. 94; OBESITÀ P. 102; RITUALE PP. 121, 276; STERILIZZAZIONE DEL MASCHIO P. 224.

Marcantonio! Adesso non ti sembra di esagerare?!
HO FAME

Somministrazione di cibo. **Rituale istituito dal mio amico umano per avvertirmi che il pasto è servito.**

- **LA SITUAZIONE TIPO:** lei/lui agita la scatola delle crocchette prima di versarle nella ciotola del gatto.
- **A COSA PENSA IL GATTO:** «*Il pranzo è servito…*».

Il consiglio del medico veterinario

Per comunicare con il proprio gatto di nostra iniziativa, possiamo instaurare dei rituali. Quelli relativi alla somministrazione del cibo sono i più frequenti. È il caso della scatola di crocchette che viene agitata, il rumore della ciotola che viene presa dallo scaffale o dell'apriscatole. Tutti gesti che attirano immancabilmente il gatto di casa. Una volta avviato, questo rituale è molto pratico per attirare il gatto, per esempio quando deve essere visitato a domicilio dal medico veterinario.

Quando viene adottato un gatto adulto, i rituali che aveva appreso in precedenza difficilmente sono ancora validi nella famiglia adottiva. Questa incapacità di comunicare può essere causa di ansia. Non bisogna assolutamente punire il gatto se non risponde correttamente ad alcuni nostri rituali, col tempo li apprenderà.

VEDI > ANSIA P. 28; CIBO (RICHIESTA DI) P. 173; RITUALE PP. 121, 276.

Pavlov! A tavola!
Tieni duro!

CONVIVENZA. Situazione in cui condivido la mia casa e il mio giardino o il mio appartamento con un altro individuo.

- **LA SITUAZIONE TIPO:** lei/lui spruzza dei feromoni di allomarcatura sui due gatti che vivranno insieme, prima di farli conoscere.
- **A COSA PENSA IL GATTO:** «*Guarda! Mi sembra di conoscerlo questo nuovo arrivato!*».

Il consiglio del medico veterinario

Il gatto è un animale abitudinario e non ama troppo le novità. La capacità di accogliere un nuovo gatto in famiglia varia molto da gatto a gatto. Con alcuni l'introduzione non è particolarmente difficile, altri invece sono meno disposti ad accogliere tra le proprie mura domestiche un coinquilino con le vibrisse e richiedono pazienti sedute; altri ancora rifiutano ostinatamente ogni nuovo compagno.

Sono indispensabili alcune precauzioni per evitare disaccordi:

Scelta del gatto: anche se è impossibile prevedere al 100% la reazione del gatto di fronte a un nuovo compagno, lo stress sarà minore se optate per un cucciolo. Fateli incontrare in campo neutro, ovvero in un luogo in cui nessuno dei due si senta minacciato.

Sistemazione dell'interno: più il territorio da condividere sarà grande, più facile sarà la convivenza. Se abitate in appartamento, aumentate la superficie a disposizione installando dei ripiani dove i gatti possano andare a rifugiarsi. Per

evitare conflitti tra il gatto residente e il nuovo inquilino, mettete a disposizione 3 lettiere, 3 ciotole, 3 contenitori per l'acqua e 3 diversi posti dove andare a dormire.
Presentazione: sistemate il nuovo arrivato in una camera con le sue ciotole, i suoi giochi, la sua lettiera e la sua cesta. Per aiutarlo a ritrovare i suoi riferimenti, spruzzate nei punti principali della camera uno spray a base di feromoni facciali tranquillizzanti o utilizzate un diffusore elettrico di feromoni. Quando si sarà abituato al nuovo ambiente, potrete passare alle presentazioni. Per facilitare l'incontro, applicate con le mani lo spray a base di feromoni di allomarcatura sul muso e sui fianchi dei due gatti. Questo odore comune li tranquillizza, riducendo il rischio di conflitto.

Se nonostante queste precauzioni, si azzuffano, non intervenite, ma sistemate dei nascondigli e lasciate le porte aperte in modo che l'aggredito possa scappare dal suo aggressore. Siate pazienti: anche se può capitare che due gatti s'intendano immediatamente, di solito ci vuole un mese perché riescano ad andare d'accordo.

VEDI > ANSIA IN LUOGO CHIUSO P. 29; APPARTAMENTO P. 32; CONVIVENZA P. 254, MARCATURA FACCIALE P. 90; ODORE CORPOREO P. 266; FEROMONI P. 258; TERRITORIO P. 136.

Se tutti i gatti del mondo si dessero la zampa...
RATPOLLO IV
Non sarebbe una buona idea!

Convivenza con un cane. **Condivisione del mio territorio con un individuo che non mi ispira sempre fiducia.**

- **LA SITUAZIONE TIPO:** lei/lui posa il gatto, che non ha mai visto un cane, sulle ginocchia e chiama il cane perché venga a sedersi al suo fianco.
- **A COSA PENSA IL GATTO:** «*Questo energumeno che si avvicina non rientra tra i miei amici*».

Il consiglio del medico veterinario

Alla nascita, gattino e cagnolino non hanno preconcetti uno sull'altro. L'ideale, perché diventino i migliori amici del mondo, sarebbe farli crescere insieme fin dalla più tenera età.

Cani e gatti parlano un linguaggio diverso: atteggiamenti che per il gatto sono di amicizia, il cane li interpreta come una sfida. Il gatto che si avvicina al cane in modo gentile e animato dalle migliori intenzioni ovvero tenendo la coda ben dritta, sarà percepito dal cane come un individuo che intende sfidarlo perché nel linguaggio canino la coda ben dritta è la caratteristica degli individui dominanti che vogliono fare i gradassi. Tenere la coda in basso se per il gatto denota nervosismo, nel cane è invece rivelatore di socievolezza.

Il loro non è odio reciproco, ma semplice incomprensione. Nonostante i diversi linguaggi, grazie alla loro intelligenza, possono diventare amici e condividere anche la stessa cuccia. Se è vero che imparare una «lingua straniera» è più facile per i cuccioli che crescono insieme, con pazienza è possibile far convivere anche cani e gatti adulti. L'incontro deve avvenire in campo neutro dove il gatto possa avere sempre una possibilità di fuga verso l'alto, come un mobile o una libreria. Se il gatto si mostra aggressivo, occorre fare attenzione agli occhi del cane. Attenzione, l'amicizia tra specie diverse è molto selettiva. Se il gatto è amico di un pinscher nano, non è detto che gradirà l'arrivo di un San Bernardo. Se da adulto non avrà mai visto un cane, lo considererà un potenziale predatore, e il primo incontro si trasformerà in una fuga o in un comportamento aggressivo da parte del gatto.

Per facilitare il primo incontro, proteggete il territorio del gatto. Sistemate la sua cassetta igienica, le sue ciotole e la sua cesta fuori dalla portata del cane; inoltre, fate in modo che disponga di un luogo sopraelevato dove riposarsi e di nascondigli dove rifugiarsi in caso di conflitto. Per le presentazioni, mettete il gatto sulle ginocchia. È un modo di dire al cane che il gatto è sotto la vostra protezione. Per tranquillizzare il gatto, applicate sul muso e sui fianchi del cane uno spray a base di feromoni di allomarcatura. Chiamate il cane e fatelo sedere al vostro fianco. Se si dimostra amichevole, ricompensatelo. Se invece è aggressivo, lasciate che il gatto scappi, rimproverate il cane e riportatelo nella sua cuccia.

Se il gatto si rifiuta di avvicinarsi al cane, non forzatelo, lasciate che si studino a distanza. Con il tempo, forse, potrebbe nascere una vera e propria amicizia.

VEDI > AGGRESSIONE PP. 15, 244; CONVIVENZA P. 177; PERIODO DI SOCIALIZZAZIONE P. 212; TERRITORIO P. 136.

Oh! Voi umani,
in materia di convivenza
che consigli volete darci!

DISTACCO. Atteggiamento distante della mia mamma umana assunto per farmi diventare grande.

- **LA SITUAZIONE TIPO:** il gattino insiste nel richiedere attenzioni mordicchiando le mani della sua mamma umana. Lei interrompe il gioco.
- **A COSA PENSA IL GATTO:** «*Da un po' di tempo sei distante*».

Il consiglio del medico veterinario

Il cucciolo adottato e non ancora svezzato, non necessita solo di cibo ma ha bisogno anche di ricreare un legame affettivo con la nuova mamma. La persona che lo nutre, lo coccola, le distrae, lo protegge e lo conforta quando è nervoso, svolge bene questa funzione. Gli dà la sicurezza e la fiducia necessaria per scoprire il mondo. Il gattino la segue ovunque, miagola quando non la vede, le succhia le dita e le dorme sereno vicino.

Mamma gatta a partire dall'8ª settimana di vita inizierebbe un progressivo distacco con i piccoli e li spingerebbe a diventare sempre più autonomi. Questa è una fase importante e delicata poiché è in questo periodo della vita che il gattino acquisisce sicurezza e autocontrollo.

Anche noi a partire dall'8ª settimana dobbiamo accompagnarlo in questo percorso di crescita soffocando la nostra iperprotettività e concedendogli la giusta autonomia. Lo aiuteremo a diventare un adulto sicuro di sé e dotato di autocontrollo.

VEDI > ALLATTAMENTO ARTIFICIALE P. 160; ATTACCAMENTO P. 250; DISTACCO P. 256.

DIVORZIO. Separazione ufficiale dei miei amici umani, causa di disordine nel mio territorio e nei miei legami affettivi.

- **LA SITUAZIONE TIPO:** lei/lui lascia il domicilio coniugale con il suo gatto adorato.
- **A COSA PENSA IL GATTO:** «*Sono felice di venire con te, ma mi dispiace lasciare il mio territorio*».

Il consiglio del medico veterinario

Oggi, in caso di divorzio, il gatto è considerato alla pari di un mobile, del divano o del comò. Il suo avvenire dipende dal regime matrimoniale dei coniugi. In regime di separazione dei beni, il gatto appartiene a chi ne ha la proprietà. In regime di comunione limitato agli acquisti, l'animale appartiene a entrambi i coniugi, se l'animale è stato acquistato durante l'unione, quindi ad entrambi se è stato acquistato durante il matrimonio. In regime di comunione universale, l'animale appartiene per metà a entrambi i coniugi. In caso di proprietà indivisa e se non è possibile trovare un accordo consensuale tra le parti, sarà il giudice a decidere. L'ideale sarebbe che il giudice potesse interrogare il gatto, che, molto attaccato al suo territorio, sicuramente risponderebbe: «Voglio stare con chi mi vuole più bene e nel domicilio coniugale». Ahimè, le due condizioni non sono sempre applicabili, e il gatto è spesso la vittima innocente nella separazione della coppia di amici umani.

VEDI > TRASLOCO P. 142; TERRITORIO P. 136.

EDUCAZIONE. Percorso didattico per insegnarmi come agire in certe situazioni.

- **LA SITUAZIONE TIPO:** lei/lui s'innervosisce nel dare un ordine al gatto.
- **A COSA PENSA IL GATTO:** «*Con quel tono, preferisco andarmene!*».

Il consiglio del medico veterinario

Sono rari quelli di noi che insegnano dei comportamenti al proprio gatto. Ciò nonostante, il gatto è in grado di imparare come il cane, a condizione, però, di metterci arte e metodo.

Invogliatelo ad ascoltarvi. Il gatto non obbedisce all'umano perché lo considera il capo. L'abilità dell'educatore consiste nel nel saper attendere quando il piccolo felino è fortemente motivato ad apprendere. Deve approfittare delle situazioni in cui il gatto è orientato al suo compagno, vale a dire quando sta chiedendo qualcosa. I bocconcini con cui lo premierete saranno ancora più apprezzati.

Siate comprensivi. Le parole non hanno significati intrinseci per il gatto, sono semplici segnali sonori. Perché una parola acquisti significato, è necessario che il gatto l'associ a una situazione. Utilizzate parole semplici, che suonino bene, e non fate frasi troppo lunghe. Prima pronunciate il nome del gatto, poi catturate la sua attenzione ed enunciate la richiesta. Associate il gesto alla parola. I gesti vi eviteranno di sgolarvi quando il gatto è lontano o se un rumore copre la vostra voce. Permette inoltre di continuare a comunicare quando il gatto invecchiando non sente più bene.

Siate costanti. Quando avrete definito l'espressione verbale e gestuale non cambiatela più.

Non esigete troppo. Una lezione di educazione non deve durare più di 10 minuti, anche se non avete ottenuto nulla. Oltre questo periodo di tempo, il gatto perde la concentrazione e rischiate di innervosirlo, cosa che rovinerà il vostro rapporto.
Siate pazienti e fiduciosi. Anche il gatto più intelligente ha bisogno del suo tempo per assimilare un insegnamento.

VEDI > SOMMINISTRAZIONE DI CIBO P. 176; GERARCHIA P. 260; NOME P. 202; RICOMPENSA P. 218; RITUALE PP. 121, 276.

FARMACO. Strane pillole che il mio amico umano cerca di farmi ingoiare, come se fossero dei croccantini.

- **LA SITUAZIONE TIPO**: lei/lui nasconde una compressa in mezzo ai croccantini del gatto.
- **A COSA PENSA IL GATTO:** «*La vedo e la sento questa compressa*».

Il consiglio del medico veterinario

Il medico veterinario dispone di un notevole arsenale terapeutico. È necessario però che il gatto prenda le compresse senza creare troppi problemi. Per questo sono stati messi a punto dei farmaci rivestiti per migliorarne il gusto e facilitarne la somministrazione. Se il gatto continua a storcere la bocca, provate a schiacciare la compressa nel suo cibo, anche se sono molto rari i gatti che si lasciano ingannare così facilmente. Se questo stratagemma non funziona, non vi resta che infilargliela voi stessi in bocca:
• Sistemate il gatto sulle ginocchia o sul tavolo. Se si agita, avvolgetegli il corpo e le zampe con una coperta.
• Mettete il pollice e l'indice su entrambi i lati della mandibola superiore, appena dietro alle zanne, e tirate verso l'alto per far scivolare la testa leggermente all'indietro. Poi abbassate la mandibola inferiore, mettendo l'indice dell'altra mano nello spazio che si trova tra le due zanne della mandibola inferiore, e inserite la compressa il più possibile in fondo alla lingua per stimolare il riflesso faringeo.
• Tenetegli la bocca chiusa, massaggiando leggermente la gola. Verificate che abbia ingoiato la compressa e fategli due

complimenti. Perché la mandi giù più facilmente, rivestite la pastiglia di burro o iniettate un po' di acqua in bocca con una siringa.

• Se il gatto si ostina a non ingoiare una compressa, chiedete al medico veterinario un farmaco liquido equivalente o schiacciatela con un po' di acqua. Mettete il liquido in una siringa e iniettatelo nella bocca del gatto posizionando la siringa di lato, affinché il liquido non finisca nelle vie aeree. Poi chiudete la bocca, fermando l'imbuto della siringa appena dietro alle zanne.

VEDI > GUSTO P. 75; RICOMPENSA P. 218.

FETO. Gattino ancora al caldo e al sicuro nel ventre materno.

- **LA SITUAZIONE TIPO:** lei/lui accarezza il ventre della gatta che aspetta dei cuccioli.
- **A COSA PENSA IL GATTO:** «*Le tue carezze ci tranquillizzano, a me e ai piccoli*».

Il consiglio del medico veterinario

Durante la gestazione, il feto non è completamente isolato dal mondo esterno. Vive in osmosi con la madre e sente, tramite le secrezioni ormonali e le contrazioni dell'utero e dell'intestino, le sue emozioni. In risposta all'ansia della madre, il feto si agita o si mette a succhiare il cordone o la zampetta. Questa sensibilità si esprime attraverso una grande emotività dei gattini nati da una madre stressata, da qui la necessità di assicurare alla futura mamma uno stile di vita sereno.

Il feto è inoltre sensibile alle carezze fatte sul ventre materno. Questi contatti continui migliorano la tolleranza dei gattini alla manipolazione. Non esitate dunque a massaggiare dolcemente il ventre della futura mamma. Le farete piacere e i suoi cuccioli saranno ancora più coccoloni.

VEDI > ANSIA P. 28; CAREZZA P. 171; GATTO CHE MORDE QUANDO VIENE ACCAREZZATO P. 70; GESTAZIONE P. 72; STRESS P. 225.

IMPRINTING. Apprendimento fondamentale che consente al gattino di sapere a quale specie appartiene.

- **LA SITUAZIONE TIPO:** lui/lei alleva il gattino orfano senza mai farlo venire a contatto con i suoi simili.
- **A COSA PENSA IL GATTO:** «*Quando sarò grande, ti sposo*».

Il consiglio del medico veterinario

Alla nascita, il gattino non sa che è un gatto. Questo processo di identificazione, chiamato «imprinting», avviene naturalmente grazie al legame stretto che l'unisce alla madre e ai propri simili. Inizia quando apre gli occhi intorno al 10° giorno e si conclude verso la 8a settimana. Se durante questo periodo, il piccolo non viene a contatto con membri della sua specie, s'identificherà con quella che gli è più vicina: un cane, se è stato allattato da una cagna, un essere umano se questi l'ha nutrito con un biberon. In seguito, i comportamenti sociali saranno orientati verso la specie con la quale si è identificato e avrà grandi difficoltà a comunicare con i propri simili. Per evitare questo inconveniente, il gattino orfano o abbandonato dalla madre deve essere possibilmente affidato a un'altra gatta o venire a contatto, a partire dalla 3a settimana, con altri gatti.

VEDI > ALLATTAMENTO ARTIFICIALE P. 160; ATTACCAMENTO P. 250; PERIODO DI SOCIALIZZAZIONE P. 212; RITUALE PP. 121, 276.

Mamma!
PESCE-GATTO

LAMENTO E SOFFIATA. Rumori associati alla faccia che fa il mio amico umano quando è arrabbiato.

- **LA SITUAZIONE TIPO:** lui/lei soffia rumorosamente sul gatto che è salito sul tavolo per mangiare nei piatti.
- **A COSA PENSA IL GATTO:** «*Vuoi sfidarmi?*».

Il consiglio del medico veterinario

Il lamento e il soffio sono parolacce che un gatto ben educato non usa a casa sua con gli amici. Il lamento è emesso a denti stretti, la lingua incurvata, la bocca aperta, le labbra sollevate che spingono rapidamente l'aria verso l'esterno. Associato a una postura di minaccia, le orecchie piatte sul collo, il pelo rizzato, serve a impressionare un avversario ed evitare il combattimento. È spesso accompagnato dal soffio quando il tono aumenta: se il gatto vi soffia contro, lasciatelo tranquillo per evitare reazioni violente.

E non divertitevi a soffiargli contro, a denti serrati, senza motivo: non apprezzerebbe lo scherzo. Soffiare in faccia al gatto rappresentano per il piccolo felino un chiaro segnale di minaccia.

VEDI > GOBBA P. 262; PUNIZIONE P. 214.

Bisogna ancora perfezionare l'accento tonico!
MIAOOOPFRRTTTTTT

LATTE. Bevanda di colore bianco particolarmente apprezzata da noi gatti.

- **LA SITUAZIONE TIPO:** lei/lui serve del latte diluito con dell'acqua al proprio gatto.
- **A COSA PENSA IL GATTO:** «*Sai come prendermi per farmi venire voglia di bere*».

Il consiglio del medico veterinario

Il latte di mucca può causare feci molli o diarrea perché i gatti non lo digeriscono. Alcuni gatti amano comunque bere il latte; se il vostro gatto fa parte di questa categoria, potete anche somministrarglielo diluito con un po' di acqua.

Potete anche provare a offrirgli il latte per gatti che un ridotto contenuto di lattosio, e che si può acquistare nei negozi che vendono alimenti per cani e gatti.

VEDI > ACQUA P. 14; CIOTOLA P. 47; SETE P. 124.

LAVATRICE. Strana macchina che gira e fa rumore, ma che è anche un posto confortevole per fare un pisolino in tutta tranquillità.

- **LA SITUAZIONE TIPO:** lei/lui dà un calcio alla lavatrice per fare uscire il gatto.
- **A COSA PENSA IL GATTO:** «*Cos'è 'sto baccano! Possibile che non si trovi un posto tranquillo!*».

Il consiglio del medico veterinario

Il gatto è un dormiglione. Adora nascondersi lontano dal rumore per farsi un sonnellino in santa pace. La biancheria dentro la lavatrice è un posto molto confortevole dove dormire senza essere disturbato. Spesso gatti e soprattutto gattini che s'infilano dappertutto più facilmente, muoiono atrocemente solo perché il loro convivente umano non ha controllato bene il contenuto della lavatrice.

Per evitare un tale incidente, non lasciate mai l'oblò della lavatrice o della asciugatrice aperto e verificate sempre all'interno prima di caricarla o di chiudere l'oblò e di avviarla. Potete optare per delle lavatrici che si aprano da sopra, dall'accesso più difficile e meno comode.

Questi non sono i soli posti dove il gatto ama nascondersi. Sopra le coperte, nell'armadio… sono posti altrettanto apprezzati ma per fortuna, meno pericolosi!

VEDI > BIMBO P. 167; TERMOSIFONE P. 134; SONNO P. 128.

¡LA PORTA!

MORSO. Ferita spesso dolorosa provocata dall'azione della mia mandibola e in particolare delle mie zanne.

- **LA SITUAZIONE TIPO:** lei/lui soffia rumorosamente sul muso del gatto che si agita durante il gioco e morde.
- **A COSA PENSA IL GATTO:** «*Vuoi sperimentare le mie zanne?*».

Il consiglio del medico veterinario

Non è opportuno tollerare di essere morsicati dal gatto mentre state giocando. Talvolta adottiamo delle scuse per non intervenire: non è niente, lo fa per giocare, non lo fa con cattiveria, non fa male, si calmerà quando diventerà grande… è invece un errore fatale nell'educazione del vostro gatto. Tollerando questo comportamento, non insegnate al gattino a rispettarlo. Crescendo, i morsi saranno sempre più dolorosi e sarà sempre più difficile educare il gatto.

Per evitarlo, dovete sistematicamente correggere il suo comportamento quando vi morde. Il metodo più semplice è di interrompere qualsiasi interazione con lui immediatamente dopo che vi ha morsicato.

Poco a poco, il gatto imparerà, giocando con voi, quali sono i limiti da non superare.

VEDI > AGGRESSIONE PP. 15, 244; AUTOCONTROLLO P. 162; UNGHIA (GRAFFIATA) P. 146.

É sleale!
VETERINARIO

NOME. Parola scelta dal mio amico umano e che mi segnala che devo prestare attenzione.

- **LA SITUAZIONE TIPO:** lei/lui chiama il suo gatto: «Romeo».
- **A COSA PENSA IL GATTO:** «*Lei/lui ha un messaggio per me*».

Il consiglio del medico veterinario

Un nome è il primo regalo che farete al vostro gattino. Significa che fa parte della vostra famiglia. La scelta non è del tutto casuale.

Esprime le vostre aspirazioni e influenzerà positivamente (Coccola) o negativamente (Satana) le relazioni future con l'ambiente circostante. Permette inoltre di identificare il vostro animale. Compare nel libretto delle vaccinazioni, nel passaporto, nel pedigree e in tutti i certificati emessi dal medico veterinario. Infine, serve come richiamo sonoro quando vogliamo catturare la sua attenzione prima di dargli un ordine. Tutti i nomi sono consentiti, eccetto per gli animali iscritti ai libri genealogici (titolari di un pedigree). Per quest'ultimi, ogni anno viene imposta la prima lettera del nome. Nessuno vi impedisce però di dargli un soprannome di vostro gradimento. Questo può essere scelto a seconda della personalità, del fisico, del colore del pelo, delle origini, del sesso, o semplicemente dalla vostra ispirazione. Se siete a corto di idee, consultate un dizionario, il calendario o Internet.

VEDI > EDUCAZIONE P. 186; RITUALE PP. 121, 276.

OGGETTO TRANSAZIONALE. Oggetto preferito in lana o in tessuto che adoro succhiare.

- **LA SITUAZIONE TIPO:** lei/lui dice con fermezza no al gatto siamese che sta succhiando la coperta di lana del letto.
- **A COSA PENSA IL GATTO:** «*Mi dispiace, ma questa mania di succhiare la lana è più forte di me*».

Il consiglio del medico veterinario

I gatti di origine orientale in particolare il siamese e il burmese, hanno la terribile mania di succhiare qualunque oggetto (lana, fibre sintetiche, plastica, capelli...). Capita a volte che li ingoino, con il rischio di disturbi digestivi o di occlusione intestinale. Sono state avanzate diverse ipotesi per spiegare questo comportamento: carenza alimentare, svezzamento troppo precoce, attività sostitutiva in un animale ansioso... In tutti il disturbo si trasmette di generazione in generazione.

Per far cessare questo comportamento, richiamate il gatto dandogli un colpetto sul muso. In vostra assenza, mettete lontano dalla sua portata i tessuti e i materiali che predilige e offritegli un ambiente stimolante. Di solito, questo comportamento cessa in modo spontaneo verso i 2 anni. Se peggiora, consultate il medico veterinario. Per prevenirlo, è consigliabile lasciare i cuccioli siamesi e simili in presenza della madre fino alla 12ª settimana di vita.

VEDI > ANSIA P. 28; PUNIZIONE P. 214; SVEZZAMENTO P. 226.

OSPEDALIZZAZIONE. Degenza che sono obbligato a fare in clinica veterinaria per ricevere cure mediche e chirurgiche.

- **LA SITUAZIONE TIPO:** lei/lui cerca di rassicurare il gatto, chiaramente sotto stress, nel luogo cui è ricoverato.
- **A COSA PENSA IL GATTO:** «*Dove sono, dove sono i miei riferimenti e miei simili, cosa sono tutti questi odori?*».

Il consiglio del medico veterinario

L'ospedalizzazione è spesso motivo di stress sia per il gatto che per il suo amico umano. Per tranquillizzarvi, sistematelo voi stessi nel box della clinica, quando possibile.

La zona di degenza ideale è esposta a sud con un'apertura verso l'esterno, indipendente dalla zona dove sono ricoverati i cani, ben ventilata, riscaldata (20-24 °C) e insonorizzata.

Se è nel seminterrato, deve essere illuminata per 14 ore al giorno. Se la degenza è breve, le dimensioni del box non sono decisive.

Se il ricoverò sarà di lunga durata, il box deve essere sufficientemente grande in modo che il gatto abbia una zona di riposo, una per fare i suoi bisogni e una dove nutrirsi.

Per rendere la degenza del gatto più accettabile, lasciategli la sua cesta, un gioco o un altro oggetto familiare e andate a trovarlo tutti i giorni per tranquillizzarlo.

Nonostante tutte le precauzioni, la degenza del gatto dovrebbe sempre essere la più breve possibile.

VEDI > ANORESSIA P. 25; TRASPORTINO P. 144; DEPRESSIONE

P. 52; ODORE CORPOREO P. 266; STRESS P. 225; TERRITORIO P. 136.

* Vedi > Aggressione ridiretta.

PARTO. Ultimo periodo della gestazione durante il quale la presenza del mio amico umano mi tranquillizza.

- **LA SITUAZIONE TIPO:** lei/lui accarezza e incoraggia con la voce la gatta che sta per partorire.
- **A COSA PENSA IL GATTO:** «*Con te mi sento meno agitata*».

Il consiglio del medico veterinario

La gatta, molto attaccata all'umano di casa, ha bisogno che questi sia presente quando partorisce. Non è raro che interrompa il travaglio se lei o lui non c'è. Prendete un permesso per assistere la vostra gatta e non spaventatevi se non tutti i gattini escono subito con la testa. Infatti, uno su due nasce in posizione podalica, senza alcun problema. Dopo il parto, la gatta rompe la sacca d'acqua che circonda il cucciolo, recide il cordone ombelicale che lo lega alla placenta, poi inizia a leccare il piccolo. La placenta dei singoli gattini viene eliminata una dopo l'altra, pochi minuti dopo la nascita, a volte in una sola volta dopo che l'ultimo gattino è venuto al mondo. Per evitare che la madre ingoi tutte le placente, eliminatene alcune prima che sia lei a farlo. La durata del periodo di espulsione varia da alcuni minuti a mezz'ora, fino a un'ora per il primo cucciolo. In generale, dura da 10 a 60 minuti tra due nascite. Il numero dei piccoli varia in media da 4 a 6.

VEDI > GESTAZIONE P. 72; PARTO (CESTA PER IL) P. 208; STRESS P. 225.

Cesta per il parto. Angolo preparato dal mio amico umano dove posso partorire i miei piccoli in assoluto confort.

- **LA SITUAZIONE TIPO:** lei/lui sistema una cesta piena di asciugamani nell'armadio della camera da letto, dove la gatta, alla fine del periodo di gestazione, ha scelto di rifugiarsi.
- **A COSA PENSA IL GATTO:** «*Per partorire qui andrà benone*».

Il consiglio del medico veterinario

Alcuni giorni prima della data prevista per il parto, mettete a disposizione della vostra gatta una cassetta, un cartone o una cesta per il parto. Fate attenzione che sia spaziosa per accogliere la madre e i piccoli, e che i bordi siano abbastanza alti in modo che i cuccioli non possano uscirne. Sistematela in un posto tranquillo, buio e caldo (22° C). Riempitela di asciugamani di spugna o panni di lana. Se la gatta sceglie un altro posto, non ostacolatela: aiutatela piuttosto a renderlo più confortevole.

Durante le prime settimane di vita, il gattino non è in grado di regolare la temperatura del proprio corpo. Una delle maggiori cause di mortalità è il raffreddamento. Per evitarlo, la temperatura ambientale deve essere come minimo di 22° C, per garantire che i gattini, durante la loro 1a settimana di vita, abbiano una temperatura minima di 30° C a contatto con la madre.

VEDI > GESTAZIONE P. 72; PARTO P. 207.

PAURA. Sentimento di forte inquietudine che si prova di fronte a diversi stimoli (luogo, persona, animale, rumore, luce...), percepiti come pericolosi.

- **LA SITUAZIONE TIPO:** il gatto randagio fugge alla vista di una signora anziana che si avvicina gentilmente per lasciargli del cibo.
- **A COSA PENSA IL GATTO:** «*Tu, non m'ispiri fiducia*».

Il consiglio del medico veterinario

Non è necessario che un gatto sia stato picchiato perché abbia paura quando incontra un essere umano. È sufficiente che non abbia avuto nessun contatto fino alla 9ª settimana di vita per considerare lo spazio umano come un luogo da non frequentare. Di fronte a una signora anziana, anche se questa non vuole che fargli del bene, se il gatto è intimorito la sua prima reazione sarà la fuga, l'aggressione o l'immobilità. Con il tempo, gli spuntini e molta pazienza, il gatto randagio può abituarsi alla persona che lo nutre, e farsi addirittura accarezzare. Ma è un'amicizia selettiva, il gatto non ha fiducia in altre persone. Perché ami la compagnia umana, deve apprendere nelle prime settimane di vita che l'uomo è una specie amica. Perché questo avvenga, sono necessari contatti e che il gatto venga toccato e maneggiato di continuo, da un campione rappresentativo di umani, poiché l'amicizia con l'uomo non è generalizzabile.

VEDI > AGGRESSIONE PP. 15, 244; AMBIENTE P. 24; PERIODO DI SOCIALIZZAZIONE P. 212; FOBIA P. 63.

Tutti mostri.

PENSIONE. Posto dove mi lascia il mio umano quando deve assentarsi.

- **LA SITUAZIONE TIPO:** dopo esserci assicurati della qualità della pensione, lei/lui vi lasciano il gatto.
- **A COSA PENSA IL GATTO:** «*Bisogna che mi abitui a questo nuovo arredo e a queste nuove facce*».

Il consiglio del medico veterinario

La scelta della pensione deve essere effettuata con molta cura e vi si deve ricorrere solo in caso di effettiva necessità. L'ideale è sceglierne una affidabile e poi non cambiarla nel tempo per evitare lo stress del gatto e il vostro ogni volta che lo portate. Perché la pensione gli piaccia, deve essere:

- Riservata esclusivamente ai gatti.
- Orientata a sud con un'ampia apertura verso l'esterno che faccia entrare la luce.
- Pulita, insonorizzata e calda.
- Dotata di ampi box individuali con zone di riposo e di escrezione ben distinte. Con un'area giochi interna e/o esterna, dove i gatti possano scorrazzare soli o in compagnia degli altri ospiti con cui hanno più affinità.
- Dotata di assistenza veterinaria.

VEDI > ALIMENTAZIONE PP. 21, 158; CONVIVENZA PP. 177, 254; TRASLOCO P. 142; OSPEDALIZZAZIONE P. 205; LETTIERA P. 82; MARCATURA FACCIALE P. 90; ODORE CORPOREO P. 266; STRESS P. 225; TERRITORIO P. 136; VACANZE P. 150.

PERIODO DI SOCIALIZZAZIONE. Breve periodo della mia giovinezza durante il quale ho imparato molte cose.

- **LA SITUAZIONE TIPO:** lei/lui tocca delicatamente il gatto e gli fa delle carezze.
- **A COSA PENSA IL GATTO:** «*Quest'individuo è un amico*».

Il consiglio del medico veterinario

Il periodo di socializzazione inizia intorno alla 4a settimana e termina tra la 8a e la 10a settimana. Durante questo periodo, il gattino apprende molte cose: si abitua all'ambiente circostante, impara qual è la sua identità, i rituali felini indispensabili per comunicare con i simili, riconosce le specie amiche (umano, cane, coniglio...), impara a controllare il morso e i movimenti. Diventa autonomo. Tutte queste conoscenze sono possibili grazie allo sviluppo delle capacità sensoriali e motrici, in presenza della figura di attaccamento (la madre o una persona a cui si è legato), a numerose interazioni del gattino con i suoi consimili e alla varietà dell'ambiente in cui vive. Durante questa fase delicata, tutte le esperienze e tutto ciò che apprende vengono memorizzati con facilità e a lungo termine. Andando avanti negli anni, lo stesso apprendimento sarà più difficile.

VEDI > ATTACCAMENTO P. 250; AUTOCONTROLLO P. 162; CAREZZA P. 171; CONVIVENZA PP. 177, 254; DISTACCO PP. 183, 256; AMBIENTE P. 24; UNGHIA (GRAFFIATA) P. 146; IMPRINTING P. 192; MORSO P. 200; PAURA P. 209; RITUALE PP. 121, 276.

Io preferisco la scuola della vita
Sì! Sì!
SCUOLA

PUNIZIONE. Evento spiacevole che avviene ogni volta che faccio una sciocchezza.

- **LA SITUAZIONE TIPO:** lei/lui mentre gioca con il gatto viene graffiato e allora se ne va.
- **A COSA PENSA IL GATTO:** «*Se voglio giocare con lei/lui devo tenere a freno le unghie*».

Il consiglio del medico veterinario

L'unica vera punizione che non compromette la relazione tra il gatto e l'umano è quella basata sul togliere qualcosa di piacevole - per esempio il gioco, l'attenzione, i bocconcini che gli stiamo offrendo - tutte le volte che il gatto fa qualcosa di sbagliato.

VEDI > LAMENTO E SOFFIATA P. 194; RICOMPENSA P. 218.

RICHIAMO. Segnale sonoro che mi comunica che devo cessare ogni tipo d'attività e ritornare da lei/lui.

- **LA SITUAZIONE TIPO:** lei/lui chiama il proprio gatto scuotendo la scatola di crocchette.
- **A COSA PENSA IL GATTO:** «*Arrivo, prepara la mia ricompensa!*».

Il consiglio del medico veterinario

Il richiamo è il primo e il più facile segnale sonoro da insegnare al gatto. Consente di ritrovarlo rapidamente. È indispensabile se lasciate che il vostro gatto esca liberamente da casa. Potete insegnarglielo a partire dalla 8ª settimana di vita. Mentre state preparando la ciotola per il gatto, dite: «Micio, vieni». Per aiutarvi a chiamare il gatto a distanza, potete associare al richiamo un

fischio o un altro tipo di suono. Allettato dall'odore del pasto, il gatto rientrerà velocemente. Qualunque sia il tempo che ci impiega per ritornare, una volta che è ai vostri piedi, accarezzatelo, fategli i complimenti e dategli il pasto: sarà la migliore ricompensa.

In un secondo tempo, usate questo segnale sonoro per farlo venire in altre occasioni e ricompensatelo con una carezza, un bocconcino prelibato o il suo gioco preferito. Quando avrà imparato bene a rispondere al vostro richiamo, dategli la sua ricompensa in modo discontinuo perché rimanga motivato.

VEDI > CAREZZA P. 171; CIBO (SOMMINISTRAZIONE DI) P. 175; GIOCO P. 73; NOME P. 202; OBESITÀ P. 102; EDUCAZIONE P. 186; RICOMPENSA P. 218.

RICOMPENSA. Bocconcini, giochi, carezze e parole dolci che ottengo quando mi comporto bene.

- **LA SITUAZIONE TIPO:** il gatto in giardino torna in casa al richiamo, il suo compagno umano gli da un po' del suo cibo preferito.
- **A COSA PENSA IL GATTO:** «*Se torno a casa mi aspetta una golosità!*».

Il consiglio del medico veterinario

Perché la ricompensa sia efficace è importante conoscere i desideri del gatto e correlarla alle sue specifiche motivazioni.

La ricompensa deve rispettare alcuni criteri:

• Deve essere fuori dal comune e dare un reale piacere all'animale. Può essere una ricompensa alimentare; un'attenzione particolare (carezza, complimenti...); un oggetto (gioco); un'attività... Possono essere associate diverse ricompense per rinforzare ulteriormente il loro effetto.

• Deve sopraggiungere alla fine del comportamento desiderato o essere data in parte nelle diverse fasi del comportamento quando questo è articolato.

• Essere sistematica all'inizio, per poi diventare imprevedibile affinché il gatto non perda la motivazione.

VEDI > ATTACCAMENTO P. 250; ALIMENTAZIONE PP. 21, 158; CAREZZA P. 171; GIOCO P. 73; EDUCAZIONE P. 186; PUNIZIONE P. 214; RICHIAMO P. 216.

E cosa vuoi che faccia per quello?
Darti la zampa?
Darmi delle arie?
Abbaiare?

SPAZIO DEI GIOCHI. Luogo stimolante dove i cuccioli imparano molte cose.

- **LA SITUAZIONE TIPO:** i bambini si divertono con i gattini comportandosi gentilmente con loro, in uno spazio dei giochi sonorizzato e pieno di giochi per i cuccioli.
- **A COSA PENSA IL GATTO:** «*Che c'è di nuovo oggi?*».

Il consiglio del medico veterinario

A partire dalla 3a settimana, i gattini sono sensibili agli stimoli ambientali e particolarmente curiosi. È il momento di sottoporli gradualmente a stimoli che faranno parte del loro futuro universo sensoriale e relazionale. Il miglior modo di stimolarli è mettere loro a disposizione una stanza o angolo dove ci sono giochi di colori e materiali diversi, alberi per gatti, trespoli, scatole a sorpresa, il tutto immerso in un ambiente luminoso e variamente sonorizzato (radio, musica, televisione...). Bisogna inoltre favorirne la socializzazione presentando loro, in un contesto positivo, gli animali e le persone con le quali condividerà la propria vita. Se, per esempio, il gattino andrà a vivere in una famiglia con bambini, è consigliabile che questi lo accarezzino con dolcezza alcuni minuti ogni giorno. Infatti, più sarà stato accarezzato, più sarà un amante della compagnia.

VEDI > CAREZZA P. 171; AMBIENTE P. 24; GIOCO P. 73; PERIODO DI SOCIALIZZAZIONE P. 212; FOBIA P. 63; TOPO (GIOCO) P. 237.

Fantastico!
Un vecchio
cartone!

STERILIZZAZIONE DELLA FEMMINA. Intervento chirurgico destinato a impedirmi di diventare mamma.

- **LA SITUAZIONE TIPO:** lei/lui fa sterilizzare la propria gatta.
- **A COSA PENSA IL GATTO:** «*Che c'è di nuovo oggi?*».

Il consiglio del medico veterinario

L'ovariectomia è l'asportazione delle ovaie, operazione molto comune che si effettua a partire dal 6° mese. Questo intervento sopprime, oltre alla fecondità, i calori e la marcatura urinaria sessuale ma non quella reazionale.

Praticata alla gatta giovane (6 mesi), riduce di 7 volte la probabilità di tumore alle mammelle. Riduce inoltre le fughe, le zuffe e il pericolo di contrarre gravi malattie virali.

Se viviamo con una gatto o con una gatta che hanno la possibilità di accedere a spazi esterni, la sterilizzazione è particolarmente importante, perché oltre a impedire accoppiamenti destinati a incrementare la già troppo fitta schiera dei randagi, l'intervento li proteggerà da infezioni e malattie virali quali la FIV (immunodeficienza felina) e la FELV (leucemia felina) malattie che si trasmettono attraverso la lotta o l'accoppiamento con gatti affetti da tali patologie.

Perché la gatta sterilizzata mantenga la forma e la «linea da ragazzina», optate per un'alimentazione speciale e pesatela regolarmente per dosare al meglio le razioni di cibo e aumentate la sua attività fisica. Giocare per il gatto è sempre un piacere!

L'intervento di sterilizzazione può comunque consistere anche nell'*ovarioisterectomia* che consiste nell'asportazione sia delle ovaie che dell'utero. I vantaggi di questo intervento sono analoghi a quelli dell'ovariectomia.

I medici veterinari vi spiegheranno la tecnica utilizzata e le motivazioni del tipo di intervento che hanno scelto. In ogni caso non esitate a fare tutte le domande del caso prima dell'intervento.

VEDI > CALORE P. 252; MARCATURA URINARIA REAZIONALE E SESSUALE PP. 92, 93, 265; OBESITÀ P. 102.

STERILIZZAZIONE DEL MASCHIO (O CASTRAZIONE). Intervento chirurgico destinato a impedirmi di diventare papà.

- **LA SITUAZIONE TIPO:** lei/lui non sopporta più l'odore di urina del gatto e lo fa castrare.
- **A COSA PENSA IL GATTO:** «*Che c'è di nuovo oggi?*».

Il consiglio del medico veterinario

La castrazione consiste nell'asportazione chirurgica dei testicoli del maschio. Si effettua generalmente verso il 6-7° mese d'età, quando cambia l'odore dell'urina. Ha come conseguenza la diminuzione degli ormoni sessuali in circolo. Elimina il forte odore di urina, l'istinto sessuale, la marcatura urinaria sessuale ma non quella reazionale, riduce le fughe, le zuffe e il rischio di contrarre gravi malattie virali. Ha come principale inconveniente l'aumento dell'appetito associato a una diminuzione dei bisogni energetici. Un gatto sterilizzato, senza attività fisica e alimentato in gran quantità con cibo appetitoso, può aumentare del 40% del peso in 4 mesi e mezzo. Perché il gatto castrato mantenga la forma e la «linea», optate per un'alimentazione speciale e pesatelo regolarmente.

Nel maschio può essere praticata anche la vasectomia. Questo intervento lascia inalterato l'istinto naturale dell'animale, ma impedisce di fecondare la femmina.

VEDI > MARCATURA URINARIA REAZIONALE E SESSUALE PP. 92, 93, 265; OBESITÀ P. 102; ODORE DI URINA P. 104; FEROMONI P. 258.

STRESS. Reazione d'adattamento del mio organismo scatenata da cambiamenti nell'ambiente in cui vivo.

- **LA SITUAZIONE TIPO:** lei/lui invita a casa degli amici con cani e gatti.
- **A COSA PENSA IL GATTO:** «*Chi sono tutti questi invasori!*».

Il consiglio del medico veterinario

Il gatto è una creatura molto sensibile. Un nulla è sufficiente a destabilizzarlo: cambiamento di mobili, trasloco, convivenza indesiderata, nuovo odore, aggressione di un altro gatto, lettiera sporca, visita dal medico veterinario... La risposta dell'organismo, cioè lo stress di fronte a queste diverse situazioni di vita quotidiana, variano a seconda del temperamento del gatto, della natura dell'evento e della sua durata. Alcuni gatti riescono a superare la situazione e a ritrovare il proprio equilibrio. Altri presentano reazioni ansiose che si manifestano con problemi organici e/o comportamentali. Lo stress fa parte della vita. Non potete quindi eliminarlo completamente dalla vita del gatto. Potete invece fare in modo di limitarlo il più possibile creandogli delle condizioni di vita stabili, che rispettano in pieno il temperamento del felino.

VEDI > ALOPECIA P. 23; ANSIA P. 28; APPARTAMENTO P. 32; BULIMIA P. 41; CONVIVENZA PP. 177, 254; TRASLOCO P. 142; DEPRESSIONE CRONICA P. 54; LETTIERA P. 82; OBESITÀ P. 102; ONICOFAGIA P. 108; VETERINARIO P. 152.

SVEZZAMENTO. Periodo durante il quale mi abituo progressivamente a non succhiare più il latte materno e inizio a mangiare cibo solido.

- **LA SITUAZIONE TIPO:** lei/lui versa in una grande ciotola della pappa per i gattini che hanno 3 mesi.
- **A COSA PENSA IL GATTO:** «*Poiché la mamma ci respinge, mangeremo questo nuovo cibo*».

Il consiglio del medico veterinario

Durante le prime 3 settimane di vita, i gattini si nutrono esclusivamente di latte materno. Verso la fine della 3a settimana, la gatta lascia sempre più spesso la sua cucciolata e la sua produzione di latte raggiunge il limite massimo. È il momento giusto per iniziare a somministrare ai gattini, oltre all'allattamento materno, una pappa per lo svezzamento. Alla 5a settimana, la comparsa dei denti da latte rende le poppate dolorose. La gatta inizia a respingere i propri gattini, che devono via via accontentarsi sempre più della pappa. Lo svezzamento termina quando i cuccioli fanno del tutto a meno del latte. Avviene all'incirca intorno all'8a settimana. Se non avete a disposizione della pappa da svezzamento, utilizzate croccantini per gattini in crescita che reidraterete con del latte artificiale o dell'acqua. Diminuite progressivamente la reidratazione dei croccantini fino a quando i gattini non saranno in grado, a fine svezzamento, di mangiarli secchi.

VEDI > ALLATTAMENTO ARTIFICIALE P. 160; DISTACCO PP. 183, 256; CIOTOLA P. 47; LATTE P. 196; MAMMELLE P. 264.

TIGNA. Infezione della pelle causata da un fungo microscopico che mi fa perdere il pelo.

- **LA SITUAZIONE TIPO:** lei/lui vieta al gatto, con sospetta tigna, di salire sul letto.
- **A COSA PENSA IL GATTO:** «*Perché tutta questa distanza?*».

Il consiglio del medico veterinario

La tigna è un'infezione della pelle dovuta allo sviluppo di funghi parassiti nei follicoli piliferi. Colpisce in particolare i gatti randagi e i gatti a pelo lungo. La contaminazione avviene a partire dall'ambiente esterno o da contatto diretto con un animale tignoso. Le lesioni tipiche si presentano rotonde, senza pelo, leggermente infiammate, ricoperte di pellicina. Di solito sono situate sotto le orecchie, il naso, il muso o l'estremità degli arti.

Il trattamento medico è sempre lungo (6-8 settimane). È locale e generale. La tigna è facilmente trasmettibile all'uomo, in particolare a donne e bambini. La trasmissibile avviene tramite contatto diretto con il gatto tignoso, ma anche indirettamente a partire da pelo tignoso presente nell'ambiente. Nell'uomo la tigna si presenta sotto forma di placche rotonde, secche, arrossate e circondate da un'aureola rossa.

TEST DI REATTIVITÀ. Test che mi fa il mio convivente umano per vedere se sono stato ben educato dalla mia mamma.

- **LA SITUAZIONE TIPO:** lei/lui prende il gatto per la pelle del collo. Questo lo lascia fare senza reagire.
- **A COSA PENSA IL GATTO:** «*Conosco bene questa presa. Mi ricorda la mia mamma*».

Il consiglio del medico veterinario

Quando la madre trasporta il gattino, lo prende in bocca dalla pelle del collo. In risposta, il piccolo si raggomitola in posizione fetale senza muoversi. Quando prendete il gattino dalla nuca, imitate la madre. A seconda dell'educazione ricevuta, da parte del cucciolo si possono avere due reazioni:
• Si lascia trasportare senza brontolare, la testa di lato, gli occhi semichiusi, le zampe ripiegate e la coda ricurva tra le zampe. Il gattino ha ricevuto una buona educazione dalla madre e sa controllarsi.
• Tutte le unghie fuori, miagola, si lamenta e si agita per sfuggire alla presa. La madre era assente o non ha completato la sua educazione. Il gattino non è in grado di controllarsi.

Quindi è necessario essere più pazienti per insegnargli a relazionarsi con noi.

VEDI > AUTOCONTROLLO P. 162; LAMENTO E SOFFIATA P. 194; UNGHIA (GRAFFIATA) P. 146; MIAGOLIO P. 94; MORSO P. 200; TEST DI SOCIEVOLEZZA P. 230; TRASPORTO DEI GATTINI P. 282.

Avete scelto?

TEST DI SOCIEVOLEZZA. Test che mi fa il mio convivente per vedere se lo considero un amico.

- **LA SITUAZIONE TIPO:** lei/lui si avvicina al gattino che si lascia accarezzare, gli si strofina contro e fa le fusa per il piacere.
- **A COSA PENSA IL GATTO:** «*Tu sei un amico*».

Il consiglio del medico veterinario

L'amicizia del gatto verso l'uomo non è innata. Si apprende durante il periodo di socializzazione. Per sapere se il gatto che volete adottare vi considera già come un amico, avvicinatevi e inginocchiatevi per accarezzarlo. Sono possibili diverse reazioni:

• Fugge di corsa per rifugiarsi sotto il comò. Questo significa: «Tu non m'inspiri fiducia. Devi essere paziente per conquistarmi».

• Fa le fusa, viene a strofinare la testa contro le vostre mani per deporre i suoi feromoni e accetta con piacere le vostre carezze. Vuole dirvi: «Tu sei un amico. La prova è che ti ho marcato per riconoscerti meglio». Questo cucciolo vi apprezza già.

VEDI > CAREZZA P. 171; MARCATURA FACCIALE P. 90; PERIODO DI SOCIALIZZAZIONE P. 212; FUSA P. 65; TEST DI REATTIVITÀ P. 228.

AVERE UN BUON AMICO

TIRAGRAFFI. Unico oggetto della casa dove il mio amico umano gradisce che mi faccia le unghie.

- **LA SITUAZIONE TIPO:** lei/lui sistema un tiragraffi, dopo averlo strofinato con delle olive schiacciate, vicino a dove dorme il gatto.
- **A COSA PENSA IL GATTO:** «*Questo è un posto ideale dove marcare il mio territorio*».

Il consiglio del medico veterinario

Tutti i gatti hanno bisogno di graffiare. Se volete che il

vostro gatto non graffi il divano bello, le gambe di legno del tavolo, la tappezzeria del muro, lasciategli a disposizione diversi tiragraffi.

Un buon tiragraffi deve essere stabile, preferibilmente verticale (alcuni gatti utilizzano anche quelli orizzontali) e abbastanza grande perché il gatto si possa stirare in lunghezza. Per renderlo più attraente, strofinatelo con delle olive o dei noccioli di olive schiacciate, o spruzzatelo con dell'essenza di valeriana.

Sistemate il tiragraffi vicino ai luoghi dove il gatto dorme e a quelli di passaggio. Il gatto adora farsi le unghie quan-

do si sveglia in punti ben visibili del suo territorio. Non dimenticatevi che la funzione primaria del tiragraffi è la comunicazione.

Se, nonostante tutto, continuasse a graffiare i posti vietati, potete adottare diverse soluzioni:

• Spruzzate sulle graffiate dei feromoni facciali tranquillizzanti.
• Proteggete l'angolo ricoprendolo con carta d'alluminio o con plastica.
• Trasformate il posto in un'area giochi.
• Se cambiate la tappezzeria o le imbottiture dei mobili, evitate di scegliere motivi a righe verticali. Il gatto adora farci le unghie!

VEDI > ANSIA P. 28; STIRAMENTO P. 132; UNGHIA (FARSI LE) P. 146; FEROMONI P. 258; PUNIZIONE P. 214; TERRITORIO P. 136.

TOILETTE. Cura del mio pelo che effettuo con l'aiuto del mio convivente umano quando ho il pelo lungo.

- **LA SITUAZIONE TIPO:** lei/lui taglia con delle forbici i nodi del pelo del gatto persiano.
- **A COSA PENSA IL GATTO:** «*Un po' di aiuto è piacevole…*».

Il consiglio del medico veterinario

Il gatto a pelo lungo ha difficoltà a prendersi cura della propria pelliccia abbondante. In assenza di un aiuto esterno, il peli si aggrovigliano e formano dei nodi inestricabili. Spesso la sola soluzione è la tosatura. Per evitarla, è indispensabile pettinare e spazzolare il gatto tutti i giorni. Utilizzate un pettine a denti larghi per iniziare a sciogliere i nodi e un altro a denti fini per rifinire.

Prestate attenzione ai denti del pettine che devono essere arrotondati per non ferire la pelle del gatto. Alcuni pettini hanno anche denti rotanti all'estremità per facilitare la pettinata. Per spazzolarlo, optate per una spazzola con setole naturali piuttosto che sintetiche che creano troppa elettricità statica. Se nonostante le vostre cure, si formano i nodi, tagliateli con una forbice con le punte rotonde, facendo molta attenzione a non ferire la pelle.

VEDI >PALLA DI PELO P. 113; MUTA P. 100; TOILETTE P. 138.

Cosa?
Persiano o no,
non m'interessa!

TOPO (GIOCO). Oggetto che sembra un topo e che, quando è in movimento, risveglia in me l'istinto del cacciatore.

- **LA SITUAZIONE TIPO:** lei/lui agita davanti agli occhi del gatto un topo di peluche.
- **A COSA PENSA IL GATTO:** «*Aspetta un po' che t'acchiappo!*».

Il consiglio del medico veterinario

Per un gatto libero, la caccia costituisce la principale attività fisica. Per soddisfare il suo istinto, è indispensabile fargli trovare a casa un terreno di caccia (palline da ping-pong, palline di carta, nastri…). Esistono dei topini a carica che imitano i topi veri e sono la gioia dei gatti.

Lasciate che il vostro scarichi l'energia predatrice che possiede, eviterete così che si metta ad attaccare brutalmente le vostre caviglie tutte le volte che rientrate dal lavoro.

VEDI > APPARTAMENTO P. 32; CACCIA PP. 43, 169; GATTAIOLA P. 68; GIOCO P. 73; VOLATILE P. 238; SINDROME DELLA TIGRE P. 126.

VOLATILE. Animale con le piume che risveglia il mio istinto da predatore.

- **LA SITUAZIONE TIPO:** lei/lui mette un campanellino al collo del gatto.
- **A COSA PENSA IL GATTO:** «*Con questo al collo, addio discrezione*».

Il consiglio del medico veterinario

Se il gatto ha la possibilità di accedere all'esterno, potrebbe mietere delle vittime e tra queste anche qualche volatile. Gli uccelli sono difficili da catturare e il gatto rientra spesso a... zampe vuote. E anche quando il gatto cattura un uccello, non è raro che questo riesca a scappare dal suo carnefice. Le vittime sono spesso uccelli deboli, malati o troppo imprudenti. Per evitare che il vostro gatto decimi gli uccelli del giardino, mettetegli un campanellino al collare quando è in libera uscita. Avvertiti della sua presenza, i volatili non avranno più nulla da temere. Il gatto, dopo molti fallimenti, si concentrerà su prede a quattro zampe più facile da catturare. Optate per un campanellino molto sensibile.

Nella stagione invernale non date mai da mangiare agli uccelli per terra, e se piazzate dei nidi e delle mangiatoie in giardino, sistematele fuori dalla portata del gatto. È inutile facilitargli il compito!

VEDI > CACCIA PP. 43, 169; TOPO (GIOCO) PP. 237.

Buono
Cattivo
Non ti sembra un po' manicheo?

GATTO GATTO

ACCOPPIAMENTO. Rapporto sessuale tra un maschio e una femmina della nostra specie.

- **LA SITUAZIONE TIPO:** la gatta, posteriore per aria, la coda di lato, si lascia penetrare dal maschio.
- **A COSA PENSA IL GATTO:** «*Sono pronta!*».

Il consiglio del medico veterinario

Una volta scelto il maschio, la femmina, pronta per accoppiarsi, si appiattisce sul davanti, alza il posteriore, porta avanti lentamente le zampe posteriori e posiziona la coda di lato. Il maschio la prende, afferrandola per la nuca, senza morderla realmente, per immobilizzarla e poi la penetra. Il

pene, ricoperto di numerose papille cornee, rende la penetrazione dolorosa. I gatti restano accoppiati solo qualche decina di secondi. Quando maschio si ritrae, la femmina lancia un grido, si gira e può graffiare il partner. Quest'ultimo si allontana e si lecca il pene, mentre la femmina si rotola a terra, si pulisce e si lecca la vulva.

La femmina accetta, senza batter ciglio, di essere penetrata più volte al giorno da maschi diversi. Non stupitevi, se la gatta, mette al mondo piccoli dall'aspetto molto diverso uno dall'altro.

VEDI > CALORE P. 252; UNGHIA (GRAFFIATA) P. 146; STERILIZZAZIONE DELLA FEMMINA P. 222.

AGGRESSIONE. Comportamento di attacco o difesa nei confronti di un altro gatto.

Numerosi sono i motivi che spingono i gatti ad aggredirsi (competizione, distanziamento, difesa del territorio...). Maggiore è la densità di gatti, maggiore sarà la frequenza con cui s'incontreranno e più numerose saranno le aggressioni. Mancanza di socializzazione, stress e ansia sono fattori che le favoriscono ulteriormente.

***Aggressione competitiva*. Aggressione destinata ad appropriarsi di un bene o di un privilegio (alimento, femmina, gioco, luogo di riposo...) desiderato a sua volta da un altro simile.**

- **LA SITUAZIONE TIPO:** il gatto si avvicina e soffia su un altro gatto per rubargli il suo gioco.
- **A COSA PENSA IL GATTO:** «*Se non mi dai il tuo giochino, assaggerai le mie unghie!*».

Il consiglio del medico veterinario

L'aggressione si svolge di solito in tre tempi: la minaccia che annuncia l'attacco, attacco con morso e/o zampata, la fine delle ostilità dopo la fuga o l'immobilizzazione di uno dei due protagonisti. In un gruppo di gatti permette di stabilire una gerarchia relativa tra individui, che può variare in funzione dei luoghi e delle circostanze.

Se il gatto aggressore riesce a ottenere ogni volta ciò che desidera, il suo comportamento aggressivo si rinforzerà. Le aggressioni diventeranno sempre più frequenti, violente e imprevedibili. Si parla allora di «aggressione strumentalizzata».

VEDI > AGGRESSIONE P. 15; UNGHIA (GRAFFIATA) P. 146; GERARCHIA P. 260; MORSO P. 200; TERRITORIO P. 136.

Aggressione da distanziamento. **Aggressione che consente al gatto di tenere uno dei suoi simili giudicato poco frequentabile al di là della propria distanza di sicurezza.**

- **LA SITUAZIONE TIPO:** il gatto, il pelo rizzato, soffia avanzando lentamente con gli occhi fissi su un gatto sconosciuto.
- **A COSA PENSA IL GATTO:** «*Se ti avvicini ancora, vedrai di cosa sono capace!*».

Il consiglio del medico veterinario

L'aggressione è dovuta all'intrusione nella distanza di sicurezza del gatto di un individuo considerato ostile. Il suo scopo è di mantenere o di far arretrare l'intruso al di là di questa. Per allontanare l'avversario, il gatto inarca la schiena e rizza il pelo per apparire più impressionante. Soffia, tutti i denti fuori, e avanza lentamente, gli occhi inchiodati sul suo simile. L'attacco si limita a una zampata a vuoto e, se il messaggio non è stato compreso, a un corpo a corpo.

VEDI > AGGRESSIONE P. 15; DISTANZA CRITICA E DISTANZA DI FUGA P. 56; PERIODO DI SOCIALIZZAZIONE P. 212.

Ai tuoi ordini,
oh, Grande
Attaccabrighe!

Aggressione territoriale. **Aggressione legata all'intrusione di un gatto in zone del territorio di un altro gatto.**

- **LA SITUAZIONE TIPO:** il gatto insegue un simile che si è avventurato un po' troppo vicino al luogo dove questo è solito riposare.
- **A COSA PENSA IL GATTO:** «*Vattene altrove; qui è casa mia!*».

Il consiglio del medico veterinario

Le aggressioni territoriali sono frequenti in città. Il territorio da contendersi è piccolo e gli spostamenti frequenti. Quando un nuovo arrivato arriva nel quartiere non ne conosce gli usi e i costumi, e spesso i segni territoriali che i gatti lasciano non sono così netti (svaniscono nel tempo). I conflitti tra anziani e nuovi sono quindi inevitabili. Di fronte a un nuovo arrivato che si avventura su un territorio, il gatto residente fa la gobba, si lamenta e soffia avanzando nella direzione dell'intruso. La maggior parte delle volte il nuovo arrivato alza i tacchi e viene ristabilito l'ordine. Potrebbe ritornare ma in un altro orario per non ritrovarsi faccia a faccia con il consimile. È la soluzione intelligente che i gatti hanno trovato per far fronte alla mancanza di alloggi in città…

VEDI > ANSIA DA DETERRITORIALIZZAZIONE P. 29; CONVIVENZA PP. 177, 254; LAMENTO E SOFFIATA P. 194; GOBBA P. 262; GERARCHIA P. 260; TERRITORIO P. 136.

ALBERO. Grande pianta che può servire come tiragraffi, trespolo, luogo di riposo e asilo.

- **LA SITUAZIONE TIPO:** il gatto si riposa su un albero, mentre il cane abbaia ai suoi piedi.
- **A COSA PENSA IL GATTO:** «*Ciarla sempre. Qui sono fuori pericolo!*».

Il consiglio del medico veterinario

Gli alberi del giardino sono magnifiche aree gioco, luoghi di osservazione, di riposo e di rifugio in caso di pericolo. Salirci, di solito, non pone alcun problema, il gatto si serve delle unghie come ramponi per aggrapparsi alla corteccia. Al contrario, una volta in cima, ritornare a terra può a volte essere più difficile… Sono pochi i gatti in grado di scendere all'indietro: o saltano se l'altezza non è eccessiva o scendono di testa prima di saltare a terra.

Se il vostro gattino si è avventurato su un albero e miagola, siate pazienti e andate a soccorrerlo. Non vi agitate troppo da terra: non farete che incitarlo a salire più in alto. Quando ne avrà veramente voglia, scenderà da solo. Se, nonostante tutto, il piccolo continua a rimanere appeso, non vi resta che andare a prenderlo con una scala.

VEDI > UNGHIA P. 146; MIAGOLIO P. 94.

Sorpreso, eh? La tecnologia canina!

ATTACCAMENTO. Legame primordiale con la propria madre, che ci consente di aprirci al mondo e di apprendere molte cose.

- **LA SITUAZIONE TIPO:** il gattino si addormenta beatamente nel grembo della madre.
- **A COSA PENSA IL GATTO:** «*Che bello e rassicurante avere una mamma tutta per sé…*».

Il consiglio del medico veterinario

Fin dalla nascita, la madre si lega ai propri piccoli grazie ai feromoni di adozione presenti sulla loro pelle. La gatta li lecca per liberarli dall'involucro fetale, poi li accoglie nel proprio grembo e inizia immediatamente ad allattarli. La prima poppata è fondamentale perché permette ai cuccioli di assorbire il colostro (latte materno secreto nei primi giorni che seguono il parto) ricco di anticorpi. Grazie a questo

latte speciale, nelle prime settimane di vita i gattini saranno protetti contro i germi presenti nell'ambiente. Durante la 1a settimana l'attaccamento della madre ai piccoli non è reciproco. Se la madre scomparisse, i gattini orfani sarebbero in grado di attaccarsi a un altra madre che li allatti.

L'attaccamento diventa reciproco a partire dalla 3ª settimana, grazie allo sviluppo nei cuccioli della vista e dell'udito. Da questo momento sono in grado di riconoscere la propria madre tra le altre. Quest'ultima diventa l'unico individuo che può tranquillizzarli, e ogni separazione protratta causa loro un notevole sconforto. Tale legame, così prezioso, consentirà loro di scoprire la propria identità, di imparare a comunicare con i propri simili e di partire alla scoperta del mondo.

VEDI > PACIFICAZIONE P. 268; DISTACCO PP. 183, 256; AMBIENTE P. 24; IMPRINTING P. 192; MAMMELLE P. 264; UDITO P. 284; RITUALE PP. 121, 276; VISTA P. 154.

CALORE. Periodo durante il quale le gatte sono seduttrici molto corteggiate.

- **LA SITUAZIONE TIPO:** la gatta in calore miagola, si rotola per terra e attira tutti i gatti del quartiere.
- **A COSA PENSA IL GATTO:** «*Venite da me, bei maschietti...*».

Il consiglio del medico veterinario

L'attività sessuale della gatta è legata alla durata del giorno. Per la maggior parte delle gatte, i calori, interrotti da eventuali gravidanze, si succedono da febbraio a settembre. La durata della stagione sessuale varia: per esempio, più della metà dei siamesi va in calore tutto l'anno, mentre le gatte persiane sono a riposo per la maggior parte dell'anno. Il calore è più frequente nei gatti a pelo corto, e in modo particolare nei siamesi. Il calore comprende due periodi:

Periodo di attrazione dei maschi (proestro). Dura da 1 a 3 giorni. La gatta emette dei vocalizzi, agita gli arti posteriori, si rotola a terra, si strofina contro i mobili, marca il territorio urinando, diventa più coccolona e meno aggressiva nei confronti dei maschi. Si appiattisce in avanti, solleva la groppa e tiene la coda di lato quando le si accarezza la schiena. Tollera di essere cavalcata me non accetta ancora il coito. Attratta dai feromoni sessuali, i maschi accorrono e scoppiano le zuffe.

Periodo di accettazione della penetrazione (estro). Dura in media 10 giorni per le gatte europee, ma è più breve nelle razze persiane e più lungo in quelle orientali. A contatto con il maschio, la gatta detta «in calore» adotta una postura di recettività (solleva la groppa, sposta la coda) e si lascia penetrare.

VEDI > ACCOPPIAMENTO P. 242; MARCATURA URINARIA SESSUALE PP. 93, 265; FEROMONI P. 258; PUBERTÀ P. 270; RIVALITÀ MASCHILE P. 278; STERILIZZAZIONE DELLA FEMMINA P. 222.

CONVIVENZA. Condivisione di un territorio tra più gatti.

- **LA SITUAZIONE TIPO:** il gatto insegue un nuovo arrivato che si nasconde sotto la credenza.
- **A COSA PENSA IL GATTO:** «*Questa è casa mia, vattene da un'altra parte!*».

Il consiglio del medico veterinario

Il gatto ha un forte attaccamento al proprio territorio. Quando portate a casa un nuovo arrivato, dovrà condividere le sue mura domestiche e la cosa raramente all'inizio lo rende felice. La capacità di tollerare un nuovo compagno con le vibrisse non è uguale per tutti i gatti. Alcuni lo accettano senza particolari problemi, altri no.

Alcune semplici accortezze possono facilitare l'inserimento di un nuovo piccolo felino in famiglia. Per prima cosa è importante che i gatti conoscano i loro reciproci odori prima dell'incontro diretto. Un buon metodo è quello di strofinare un batuffolo di cotone oppure una garza sul muso di un gatto (guance, mento, fronte) e farlo annusare all'altro e ripetere l'operazione con l'altro gatto. Successivamente a questa operazione che dovrà essere reiterata alcune volte, è possibile far incontrare i gatti in campo neutro ovvero in una stanza dove il gatto di casa non svolge le tre operazioni fondamentali: riposare, mangiare, farsi la toelette. È importante farli avvicinare con gradualità, il momento del primo incontro è molto delicato. È necessario evitare emozioni negative ai due gatti, quindi anche voi mostratevi sereni. All'inizio è possibile che i disaccordi siano frequenti, nel giro di qualche settimana (1 mese in media) riescono a trovare una sorta di *gentlement's agreement* su come dividersi il territorio. Con il tempo possono addirittura finire con il dormire insieme.

Può anche capitare che non si raggiunga un compromesso e che la situazione degeneri. Si distinguono allora un aggressore e un aggredito. Il primo, ansioso, sorveglia costantemente l'altro e lo spinge verso una zona del territorio. L'altro, altrettanto ansioso, a volte depresso, non esce più dal proprio nascondiglio, se non in assenza dell'aggressore. A questo stadio, la situazione può essere risolta solo con l'aiuto di un medico veterinario esperto in comportamento animale.

VEDI > AGGRESSIONE PP. 15, 245; ANSIA P. 28; CONVIVENZA P. 254; GERARCHIA P. 260; TERRITORIO P. 136.

DISTACCO. Presa d'autonomia che segue la rottura progressiva del legame materno.

- **LA SITUAZIONE TIPO:** la gatta respinge il piccolo che le mordicchia le mammelle.
- **A COSA PENSA IL GATTO:** «*Ora sei grande, è ora che te ne vada!*».

Il consiglio del medico veterinario

Per diventare autonomi, i gattini devono rompere il legame esclusivo che li unisce alla madre. Questo ha inizio con lo svezzamento, verso la 4a settimana, in seguito alla crescita dei primi denti da latte. La madre sopporta sempre meno la poppata. Evita di assumere la posizione d'allattamento e respinge con un colpetto sul naso il gattino che insiste troppo. Passa meno tempo con la cucciolata e si rifugia in posti inaccessibili. Il distacco è molto più rapido di quello del cane. È brutale e precoce (5-6 settimane) nei gatti randagi e di campagna che concatenano le gravidanze. È più tardivo (8-12 settimane) e progressivo nei gatti che vivono tra le mura domestiche, in particolare i siamesi che tirano su dei gattini molto più coccoloni. Una volta staccato dalla madre, il cucciolo, diversamente dal cane che si lega al proprio branco, recupererà l'essenziale dell'attaccamento rivolgendolo al proprio territorio e inizierà a lasciare delle tracce. Questo non gli impedisce di mantenere dei rapporti affettivi con alcuni membri della sua famiglia e di tesserne dei nuovi con altri individui (animali e umani).

VEDI > ATTACCAMENTO P. 250; DISTACCO P. 183; AMBIENTE P. 24; MAMMELLE P. 264; MARCATURA FACCIALE P. 90; SVEZZAMENTO P. 226; TERRITORIO P. 136.

FEROMONI. Sostanze chimiche che trasmettono delle informazioni e agiscono sul nostro comportamento.

- **LA SITUAZIONE TIPO:** il gatto annusa il tavolo del medico veterinario impregnato di feromoni del gatto che lo ha preceduto e che aveva molta paura.
- **A COSA PENSA IL GATTO:** «*Questo posto non è molto raccomandabile*».

Il consiglio del medico veterinario

I feromoni sono delle sostanze chimiche volatili prodotte da ghiandole situate sulle guance, il mento, le mammelle, tra i cuscinetti, intorno all'ano e presenti in numerose secrezioni (saliva, urina, escrementi, secrezioni vaginali). Il gatto li rilascia nell'ambiente esterno e sugli esseri viventi. I feromoni non sono semplici odori, veicolano delle informazioni all'attenzione del gatto ricettore. Vengono percepiti da un organo olfattivo particolare (l'organo vomero-nasale) e agiscono sulle secrezioni ormonali e sul comportamento del gatto ricettore. La loro natura dipende dallo stato del gatto nel momento in cui li emette. Esistono diversi tipi di feromoni, ognuno con una funzione particolare.

I feromoni di allarme emessi nelle urine, nelle secrezioni delle ghiandole anali e delle ghiandole situate tra le dita. Sono rilasciati in situazioni di stress e trasmettono paura agli altri gatti.

I feromoni sessuali emessi nelle urine e nelle secrezioni sessuali. Permettono l'avvicinamento dei sessi.

I *feromoni di allomarcatura* emessi dalle ghiandole facciali e lasciati sugli esseri familiari (umani, animali). Favoriscono le relazioni sociali e limitano le aggressioni.
I *feromoni territoriali* emessi dalle ghiandole facciali, le urine e le ghiandole situate tra le dita. Tranquillizzano il gatto nel suo ambiente, delimitano il territorio e segnalano l'occupazione di un posto.
I *feromoni di attaccamento* emessi dalla madre che allatta e dai piccoli. Favoriscono l'attaccamento reciproco dei gattini e della madre.

VEDI > ATTACCAMENTO P. 250; CONVIVENZA PP. 177, 254; TRASLOCO P. 142; AMBIENTE P. 24; FLEHMEN P. 62; UNGHIA (FARSI LE) P. 147; MAMMELLE P. 264; MARCATURA D'ALLARME, FACCIALE, URINARIA REAZIONALE E SESSUALE PP. 88, 90, 92, 93, 265; STRESS P. 225; TERRITORIO P. 136.

GERARCHIA. Organizzazione sociale che consente di limitare i conflitti tra gatti che condividono lo stesso territorio.

- **LA SITUAZIONE TIPO:** il gatto lascia la cucina quando si avvicina il suo simile.
- **A COSA PENSA IL GATTO:** «*Ti lascio il posto perché tu hai la priorità*».

Il consiglio del medico veterinario

Talvolta i gatti si trovano a vivere in gruppo in uno spazio ristretto. È allora indispensabile un'organizzazione perché la convivenza avvenga senza troppi disaccordi. Diversamente dal cane, non esiste nel gruppo dei gatti una struttura gerarchica chiara e stabile con figure dominanti che concentrano in sé tutti i privilegi (alimentazione, spazio, sessualità, gestione dei contatti) e dei dominati che rispettano le prerogative dei dominanti. La dominanza tra gatti è relativa. Varia in funzione del tempo e del luogo. Un gatto che dorme in cima all'armadio dalle 15 alle 16 lascerà il posto agli altri il resto del tempo. Un gatto che ha la precedenza nel mangiare il cibo cederà senza problemi il miglior posto sul muro del giardino. Tuttavia, l'equilibrio ottenuto grazie a questa organizzazione ben funzionante può essere messa in crisi in seguito a un trasloco, a un cambiamento dei mobili, alla partenza o all'arrivo di un nuovo membro. Per esempio, può essere turbata dall'arrivo di un piccolo despota che rivendica tutti i privilegi ed è pronto a lottare per ottenerli.

VEDI > ACCOPPIAMENTO P. 242; AGGRESSIONE COMPETITIVA P. 244; APPARTAMENTO P. 32; CONVIVENZA PP. 177, 254; TRASLOCO P. 142; EDUCAZIONE P. 186.

GOBBA. Posizione caratteristica che assumiamo per sembrare più impressionanti di fronte a un avversario.

- **LA SITUAZIONE TIPO:** il gatto inarca la schiena di fronte a un cane sconosciuto.
- **A COSA PENSA IL GATTO:** «*Non avvicinarti o… guai a te!*».

Il consiglio del medico veterinario

La gobba è la postura tipica del gatto. Serve per impressionare un avversario. Il gatto si presenta di sbieco per essere meglio visibile. Si sposta di sghimbescio, le zampe tese e la schiena inarcata per sembrare più grande. Il pelo è dritto e la coda è arruffata per apparire più grosso. La testa è incassata nelle spalle, le pupille sono ristrette e le orecchie appiattite di lato. Soffia sul nemico, la bocca spalancata e i denti scoperti. Se si tratta di un cane il gatto può passare all'attacco o scappare di corsa. In quest'ultimo caso, al povero gatto non resta che battere il cane nella corsa o nascondersi in alto per sfuggire all'inseguitore.

Non tutti i gatti hanno la fortuna di avere una pelliccia che si gonfia a comando. Il gatto sfinge è completamente nudo, a parte una fine peluria sul corpo e qualche pelo sparso sul muso, le zampe, la coda e i testicoli. Forse proprio per questa ragione non ha un aspetto aggressivo.

VEDI >AGGRESSIONE DA DISTANZIAMENTO P. 246; ALBERO P. 248; DISTANZA CRITICA E DISTANZA DI FUGA P. 56; LAMENTO E SOFFIATA P. 194; CODA P. 50.

MAMMELLE. Parte morbida, calda, rassicurante e piena di buon latte del corpo di mamma gatta.

- **LA SITUAZIONE TIPO:** il gattino di 3 settimane va a rannicchiarsi contro le mammelle della mamma.
- **A COSA PENSA IL GATTO:** «*L'odore qui è rassicurante*».

Il consiglio del medico veterinario

Durante l'allattamento, le ghiandole sebacee, presenti nel solco intermammario, producono un feromone tranquillizzante (apaisina). Questo favorisce l'attaccamento e consente al gattino, quando inizia a fare i primi passi lontano dalla madre, di ritrovare la calma e la serenità dopo essere stato esposto a nuovi stimoli. Grazie alla madre e al suo odore, il cucciolo troverà il coraggio di partire alla scoperta del mondo e fare le sue prime esperienze. Più ne avrà fatte, più sarà in grado di adattarsi al futuro ambiente in cui andrà a vivere.

Se la gatta ha subito un cesareo, non pulitele le mammelle e utilizzate al minimo prodotti antisettici. Asciugate i cuccioli con un panno impregnato dell'odore della madre e metteteli nella cuccia prima del suo risveglio. In questo modo limiterete il rischio che la gatta si disinteressi della propria cucciolata.

VEDI > ATTACCAMENTO P. 250; AMBIENTE P. 24; PARTO P. 207; ODORE CORPOREO P. 266; FEROMONI P. 258.

MARCATURA URINARIA SESSUALE. Traccia di urina lasciata su un supporto verticale per avvisare i miei simili della mia attività sessuale.

- **LA SITUAZIONE TIPO:** la gatta in calore urina sull'angolo della porta che dà sul giardino.
- **A COSA PENSA LA GATTA:** «*Sono pronta!...*».

Il consiglio del medico veterinario

La marcatura urinaria sessuale è un comportamento tipico nel periodo riproduttivo. Il gatto si avvicina a un supporto verticale (albero, vaso...), lo annusa, ci strofina la guancia contro, poi si gira, raddrizza la coda che si mette a tremare e spruzza un getto di urina orizzontale. L'urina spruzzata ha un odore particolarmente forte e contiene feromoni sessuali. Quando i gatti in età per riprodursi annusano queste tracce, vengono avvisati della presenza di un partner sessuale.

La marcatura urinaria sessuale inizia nel periodo della pubertà sotto l'influsso degli ormoni sessuali. Compare nella gatta in calore. Nel maschio è stimolata dalla presenza di femmine in calore. È più frequente nei maschi (non castrati) che nelle femmine. La sterilizzazione precoce evita la comparsa di questo comportamento di marcatura sessuale.

VEDI > CALORE P. 252; FLEHMEN P. 62; MARCATURA P. 88; MARCATURA URINARIA REAZIONALE E SESSUALE PP. 92, 93; FEROMONI P. 258; PUBERTÀ P. 270, STERILIZZAZIONE DELLA FEMMINA E DEL MASCHIO PP. 222, 224.

ODORE CORPOREO. Profumo tipico di ogni individuo che consente la sua identificazione.

- **LA SITUAZIONE TIPO:** il gatto aggredisce il proprio simile che è ritornato dal centro di toilettatura.
- **A COSA PENSA IL GATTO:** «*Tu non fai parte della mia banda!*».

Il consiglio del medico veterinario

Strofinandosi uno contro l'altro, i gatti che abitano sotto lo stesso tetto o che condividono le stesse aree territoriali si scambiano i feromoni. Tale mescolanza crea un odore comune che facilita le relazioni sociali e rinforza la coesione di gruppo. Questa marcatura svanisce nel tempo e deve essere mantenuta con strofinamenti regolari. In seguito a ricovero in ospedale veterinario, a un soggiorno in pensione o a uno shampoo, il gatto perde l'odore del gruppo. Quando ritorna a casa, i gatti con cui aveva dei rapporti d'amicizia fanno fatica a riconoscerlo. Possono a volte mostrarsi aggressivi con questo individuo dall'odore strano. Fortunatamente, dopo alcune ore di osservazione e una seduta di strofinamenti e leccate reciproche, il nuovo arrivato finisce per riprendere il suo posto nel gruppo.

VEDI > AGGRESSIONE PP. 15, 245; BAGNO P. 164; CONVIVENZA PP. 177, 254; OSPEDALIZZAZIONE P. 205; MARCATURA FACCIALE P. 90; PENSIONE P. 211; FEROMONI P. 258; TERRITORIO P. 136; TOILETTE PP. 138, 235; PULIZIA RECIPROCA P. 274.

Il primo
che ride...

PACIFICAZIONE. Comportamento ritualizzato per tentare di evitare l'attacco di un avversario.

- **LA SITUAZIONE TIPO:** il gatto si fa piccolo, s'immobilizza e volta lo sguardo verso il consimile aggressivo.
- **A COSA PENSA IL GATTO:** «*Calmati*».

Il consiglio del medico veterinario

È durante i giochi con la madre e i suoi simili che il gattino apprende i rituali di comunicazione propri della sua specie. Questi facilitano le relazioni tra gli individui, evitano i qui pro quo e limitano i conflitti. Di fronte a un avversario che avanza nella sua direzione, il pelo rizzato, la coda gonfia, soffiando con tutti i denti fuori, il gatto aggredito ha diverse opzioni: fuggire, contrattaccare o tentare di calmare l'avversario ed evitare così la zuffa. In quest'ultimo caso, si fa piccolo, ritira le sue armi (unghie e zanne) e volge lo sguardo. Questa tecnica, ahimè, non sempre ha successo. Infatti, diversamente dal cane, il gatto non possiede un rituale di sottomissione che permette di sospendere l'attacco di un avversario. L'aggredito deve allora essere sempre pronto a ribattere o a fuggire. I gatti separati precocemente dalla madre possono presentare delle lacune in materia di rituali. Una volta adulti, possono avere problemi di comunicazione con i loro simili, da qui il rischio di conflitto.

VEDI > AGGRESSIONE PP. 15, 245; LAMENTO E SOFFIATA P. 194; PERIODO DI SOCIALIZZAZIONE P. 212; CODA P. 50; SGUARDO P. 280; RITUALE PP. 121, 276.

Remember!
NO violence,
just disobedience.

PUBERTÀ. Tappa dello sviluppo che si manifesta con un bisogno di sedurre e un'irresistibile attrazione verso il sesso opposto.

LA SITUAZIONE TIPO 1: la giovane gatta inizia a vocalizzare e a urinare ovunque, attirando i maschi del quartiere.

A COSA PENSA IL GATTO: «*Mi sento molto eccitata!*».

Il consiglio del medico veterinario

I primi calori segnano l'inizio della pubertà nella gatta. Questi compaiono tra il 4° e il 12° mese. L'arrivo del primo calore dipende da diversi fattori:

- Dal peso dell'animale, che varia da 2 a 2,5 kg.
- Dalla razza: tra il 4° e il 6° mese per i gatti siamesi, orientali e burmesi, tra il 6° e il 9° mese per gli europei, a un 1 anno e più per i persiani.
- Dalla stagione: le gatte che raggiungono la maturità sessuale alla fine dell'estate hanno una pubertà precoce, mentre quelle che la raggiungono tra ottobre e dicembre (periodo di riposo sessuale) hanno i loro primi «calori» rinviati in primavera.

Diversamente dal maschio, il cui comportamento cambia radicalmente durante la pubertà, quello della femmina si modifica ben poco al di fuori del calore. Anche l'odore di urina, percepibile dal naso umano, non cambia.

VEDI > CALORE P. 252; MARCATURA URINARIA SESSUALE PP. 93, 265; ODORE DI URINA P. 104; STERILIZZAZIONE DELLA FEMMINA P. 222.

- **LA SITUAZIONE TIPO 2**: il giovane gatto, sentendo nel quartiere una femmina in calore, scappa di casa per parecchi giorni.
- **A COSA PENSA IL GATTO:** «*Quest'odore irresistibile m'attira!*».

Il consiglio del medico veterinario

La pubertà nel maschio si manifesta con un aumento della produzione di ormoni sessuali negli organi sessuali (testicoli). Compare tra l'8° e il 10° mese, quando pesa tra 3 e 3,5 kg. Il gatto si irrobustisce, le guance si sviluppano, sul pene compaiono delle papille cornee, la voce e l'odore si modificano. Inizia a produrre feromoni sessuali, l'urina si carica di felinina e assume un odore caratteristico. Il comportamento del maschio cambia, inizia a vagabondare, a marcare il territorio per segnalare la sua presenza e si azzuffa con i rivali. L'attività sessuale varia a seconda delle stagioni. Diminuisce quando le giornate si accorciano (autunno-inverno) e aumenta quando si allungano (primavera). Il gatto è un «amante» incostante e solitario. Moltiplica le conquiste senza preoccuparsi della progenie, lasciando che sia il «partner di una sera» a occuparsene. La castrazione, verso il 6°-7° mese d'età, previene il cambiamento di comportamento e il forte odore di urina.

VEDI > MARCATURA URINARIA SESSUALE PP. 93, 265; ODORE DI URINA P. 104; FEROMONI P. 258; RIVALITÀ MASCHILE P. 278; STERILIZZAZIONE DEL MASCHIO P. 224; TERRITORIO P. 136.

PULIZIA. Qualità che ci viene riconosciuta all'unanimità e che è molto apprezzata dagli umani.

- **LA SITUAZIONE TIPO:** il gattino segue la madre nella lettiera.
- **A COSA PENSA IL GATTO:** «*È un posto ideale per fare i propri bisogni*».

Il consiglio del medico veterinario

Fino alla 3a settimana di vita, il gattino non è in grado di fare i bisogni da solo. Per questo motivo, la madre lo volta sulla schiena dopo averlo pulito e gli lecca la regione perianale per indurre il riflesso di escrezione. Ingerisce poi le deiezioni per mantenere la cuccia pulito. Evita così di attirare i predatori e limita la contaminazione parassitaria.

Se raccogliete un trovatello, dopo ogni poppata, dovrete rimpiazzare la madre che lo lecca, massaggiando delicatamente la parte posteriore dell'addome con un panno umido e tiepido. A partire dal 1° mese, i gattini seguono la madre nella lettiera e iniziano a grattare con le zampine per coprire i propri bisogni. Curiosamente a volte succede che ingeriscano un po' di sabbia della lettiera. Al 2° mese, sono perfettamente in grado di fare i bisogni da soli.

Per insegnare a un cucciolo orfano l'utilizzo della lettiera, mettetelo in una piccola stanza, meglio se con il pavimento di piastrelle (perché meno confortevole per farci i bisogni e più facile da pulire), con una cassettina aperta riempita con della lettiera, con le sue ciotole e la sua cuccia. Quando avrà imparato, lasciategli libero accesso a tutta la casa.

VEDI > LETTIERA P. 82; LETTIERA (CASSETTA PER) P. 84; PULIZIA P. 118.

PULIZIA RECIPROCA. Comportamento igienico che serve a rinforzare un rapporto di amicizia tra di noi o, altresì, far passare la collera.

- **LA SITUAZIONE TIPO:** due gatti amici da sempre si leccano reciprocamente.
- **A COSA PENSA IL GATTO:** «*Tu fai parte della mia banda*».

Il consiglio del medico veterinario

La pulizia reciproca è frequente tra gatti coinquilini. Questo piccolo rituale igienico è un modo per dimostrare l'affetto reciproco, rafforzare il rapporto di amicizia e mischiare gli odori, un po' come fa la madre quando pulisce i propri cuccioli. Ha inoltre una funzione pratica in quanto mantiene pulite alcune parti del corpo che altrimenti sarebbero difficili da raggiungere da soli, come la testa e il collo. La leccata può anche avvenire durante un'aggressione. Piuttosto che aggredire il suo simile, il gatto sceglie di leccarlo e in questi casi la leccata è più insistente. Se il gatto leccato si agita e non accetta questa pulizia forzata, subirà un'aggressione.

Nello stesso modo, quando il gatto lecca il proprio umano, gli dimostra affetto o insoddisfazione. Tutto dipende dal contesto. È la stessa cosa quando l'umano spazzola o accarezza il gatto. Quindi andateci piano!

VEDI > AGGRESSIONE PP. 15, 245; CAREZZA P. 171: MARCATURA FACCIALE P. 90; ODORE CORPOREO P. 266; PERIODO DI

SOCIALIZZAZIONE P. 212; RITUALE PP. 121, 276; TERRITORIO P. 136; TOILETTE PP. 138, 235.

RITUALE. Comportamento codificato che permette una migliore comunicazione tra gatti.

- **LA SITUAZIONE TIPO:** il gatto, faccia a faccia con un simile aggressivo, volge lo sguardo e si fa piccolo in segno di pacificazione.
- **A COSA PENSA IL GATTO:** «*Calmati, non voglio farti alcun male*».

Il consiglio del medico veterinario

I rituali sono sequenze stereotipate di azioni tratte dalla vita quotidiana (movimento, alimentazione, eliminazione, difesa…), che assumono il valore di messaggio. È durante il periodo di socializzazione, durante i giochi con altri gattini e a contatto con gatti adulti, che il cucciolo impara le posture, la mimica e i rituali di comunicazione. Questi gli consentiranno più tardi di comunicare senza ambiguità con i suoi simili e limiteranno le zuffe. Un gattino solo, svezzato precocemente o abbandonato, avrà molte lacune nel campo del linguaggio felino. Incapace di parlate «gattese» correttamente, avrà difficoltà a inserirsi in un gruppo. Se accogliete un gattino abbandonato e lo fate crescere senza alcun contatto con altri gatti, in seguito dovrete avere più pazienza e attenzioni qualora decideste di accogliere un altro gatto nella vostra famiglia.

VEDI > PACIFICAZIONE P. 268; CONVIVENZA PP. 177, 254; PERIODO DI SOCIALIZZAZIONE P. 212; RITUALE P. 124; RIVALITÀ MASCHILE P. 278.

A casa nostra, questo non si fa!

RIVALITÀ MASCHILE. Competizione tra due gatti che si disputano una femmina in calore.

- **LA SITUAZIONE TIPO:** il gatto, attirato da una femmina in calore, si azzuffa con un rivale arrivato prima di lui sul posto.
- **A COSA PENSA IL GATTO:** «*Questa femmina è mia!*».

Il consiglio del medico veterinario

Le zuffe tra gatti non sterilizzati per la conquista delle femmine in calore sono molto frequenti in primavera. Prima di affrontarsi, i rivali iniziano con l'intimidirsi. Faccia a faccia, gli occhi negli occhi, vocalizzano con tutto il fiato che hanno in gola, il pelo gonfio per sembrare più grossi. Se nessuno dei due si arrende, gli avversari si affrontano a graffiate e a morsi in un corpo a corpo impressionante. Le ostilità continuano fino a quando uno dei due non fugge. Il fuggiasco, se non riesce a distanziare il suo avversario, rischia a volte di ricevere dei morsi alla base della coda o ai testicoli.

La castrazione riduce la presenza di ormoni sessuali in circolo e sopprime questo tipo di aggressività nell'80% dei casi. Durante i giochi di virilità le ferite sono inevitabili e possono provocare ascessi dolorosi e trasmettere il virus dell'immunodeficienza felina.

Quando il gatto ne viene contaminato, l'infezione, irrimediabilmente mortale, evolve lentamente per parecchi anni.

VEDI > ASCESSO P. 35; AGGRESSIONE COMPETITIVA P. 244; CALORE P. 252; UNGHIA (GRAFFIATA) P. 146; MORSO P. 200; PUBERTÀ P. 270; STERILIZZAZIONE DEL MASCHIO P. 224.

SGUARDO. Espressione misteriosa dei nostri occhi che stuzzica da sempre l'immaginazione degli umani.

- **LA SITUAZIONE TIPO:** il gatto fissa il suo simile negli occhi, le pupille ristrette, il pelo dritto.
- **A COSA PENSA IL GATTO:** «*Sono furioso: se ti avvicini, guaia a te!*».

Il consiglio del medico veterinario

Gli occhi del gatto non sono solo belli, svelano anche i suoi sentimenti. Per evitare malintesi, l'interpretazione dello sguardo deve tenere conto di altri mezzi d'espressione corporea.

• Lo sguardo fisso, le pupille ristrette, gli occhi puntati in quelli di un simile che si è avventurato nel suo territorio: «Vattene o te ne pentirai!».

• Lo sguardo rivolto altrove, passando vicino a un consimile: «Non temere, non cerco rogne».

Le variazioni del diametro pupillare, al di là di quelle dovute al cambiamento di luce, rivelano inoltre lo stato emotivo del gatto. La pupilla dilatata è un segno di paura, di gioia o dolore; il restringimento, un segno di collera.

Se volete attirare un gatto verso di voi, evitate di guardarlo dritto negli occhi: si sentirà aggredito. Al contrario, volgete lo sguardo e, una volta rassicurato sulle vostre intenzioni, lo vedrete avvicinarsi a voi tranquillamente. Per questa ragione, il più delle volte i gatti hanno l'abitudine di avvicinarsi a persone che non li amano molto perché questi snobbano il loro sguardo!

VEDI > AGGRESSIONE PP. 15, 245; PACIFICAZIONE P. 268; DOLORE P. 58; TERRITORIO P. 136; VISTA P. 154.

TRASPORTO DEI GATTINI. Modo in cui la gatta si sposta con i suoi piccoli.

- **LA SITUAZIONE TIPO:** la gatta riporta nella cuccia, per la pelle del collo, uno dei suoi gattini smarriti.
- **A COSA PENSA IL GATTO:** «*Stai tranquillo, mamma ti riporta a casa*».

Il consiglio del medico veterinario

Durante le prime settimane di vita dei gattini, la madre passa la maggior parte del tempo con i piccoli. Li riscalda, li nutre e li lecca coscienziosamente per pulirli e stimolarli affinché svuotino la vescia e defechino. Progressivamente, i cuccioli iniziano a lasciare la cuccia per esplorare l'ambiente circostante. Se uno si smarrisce, inizia a piangere per chiamare la madre. Questa accorre, lo prende per la pelle del collo e lo riporta al sicuro. Tale presa provoca un riflesso d'immobilizzazione nel gattino e ne facilita il trasporto.

Nello stesso modo, quando la gatta non si sente più al sicuro, prende uno a uno tutti i piccoli per trasportarli in un luogo più protetto. Per evitare uno spostamento inutile, aspettate alcuni giorni prima di pulire a fondo la cuccia della vostra gatta.

VEDI > AMBIENTE P. 24; FARMACO P. 189; PARTO P. 207; TEST DI REATTIVITÀ P. 228; VETERINARIO P. 152.

UDITO. Senso molto sviluppato che ci consente di sentire ultrasuoni inudibili dall'uomo e dal cane.

- **LA SITUAZIONE TIPO:** il gatto, in agguato, davanti un mucchio di legna.
- **A COSA PENSA IL GATTO:** «*Ehi topo, è inutile che ti nascondi: ti ho sentito!*».

Il consiglio del medico veterinario

Il gatto ha un udito finissimo. La sua capacità uditiva è molto superiore a quella umana e anche a quella del cane. È sensibile alle frequenze degli ultrasuoni che vanno fino a 64 Khz, mentre il cane non li sente oltre i 45 Khz e l'uomo a 20 Khz. Questo udito straordinario gli permette di sentire da lontano sia il rumore di una confezione di croccantini o dell'apriscatole (molto utile per richiamare il gatto a casa) che gli ultrasuoni emessi da piccoli roditori nelle loro tane. Le sue orecchie, mobili a 180°, lo rendono in grado di captare il minimo rumore, ma anche di risalire, con grande precisione, alla fonte. È un'abilità indispensabile per stanare i roditori al buio. Più dell'80% dei gatti bianchi con entrambi gli occhi azzurri sono affetti da sordità che è 2 volte più frequente nei gatti bianchi con un solo occhio azzurro e 4 volte rispetto a quelli con occhi di colore diverso. Questo handicap li rende più vulnerabili agli incidenti stradali. È dunque preferibile limitare il loro territorio a luoghi sicuri.

VEDI > CACCIA PP. 43, 169; ORECCHIO P. 110; TOPO (GIOCO) P. 237.

Non è ancora finito tutto questo baccano? Chiamo la polizia!

COS'ALTRO DEVI SAPERE...

di *Ilaria Innocenti*

Dotati di straordinario fascino e di caratteristiche sorprendenti, sono 8,5 milioni, secondo la Doxa, i gatti che condividono con noi le mura domestiche. Un dato significativo che testimonia quanto il gatto sia un compagno capace di instaurare relazioni appaganti sotto il profilo affettivo. Con i suoi vocalizzi e la sua comunicazione corporea regala emozioni, rassicura, allenta le tensioni, rallegra e insegna. Insegna ad adulti e bambini che esistono esigenze diverse dalle proprie, conduce nel mondo dell'alterità e ne fa scoprire i valori e l'importanza anche pedagogica.

Per ricambiare il piccolo felino di tutto ciò ed essere buoni compagni è indispensabile conoscere quali sono i suoi diritti e i nostri doveri, ma anche come essere di aiuto nelle situazioni in cui il nostro amico o altri gatti si trovino in difficoltà, siano vittima di maltrattamenti, si neghino loro il diritto al proprio habitat naturale e all'alimentazione. Nonostante le leggi a tutela degli animali riconoscano al gatto il diritto all'alimentazione e al territorio - le colonie feline possono occupare luoghi pubblici e privati e non è possibile spostarle dal loro habitat se non per la sicurezza della colonia stessa - sono ancora numerosi i tentativi di allontanarle dai luoghi ove abitualmente risiedono e/o di vietarne l'alimentazione.

Questa appendice, mantenendo lo spirito del dizionario, si propone di offrire una sintetica guida delle previsioni delle norme esistenti. A tutela dei gatti intervengono infatti leggi nazionali, regionali, regolamenti comunali. Ma anche il Codice civile e il Codice penale, che così come riformulato dalla legge 189/2004 stabilisce che uccidere, maltrattare, abbandonare un animale è un reato.

E non bisogna dimenticare l'articolo II-13 del nuovo Trattato dell'Unione Europea che riconosce agli animali lo status di esseri senzienti, una verità ovvia finalmente codificata. Questo indiscutibile e doveroso riconoscimento giuridico dovrebbe far riflettere, accanto alle ragioni di tipo etico, su come l'adozione, e non l'acquisto, sia un atto di amore coerente con la loro natura non di cosa, ma di essere senziente con una propria vita relazionale ed emotiva, oltre che naturalmente un'importante strumento nella lotta al randagismo.

La scelta di vivere con un cane o un gatto è dunque molto impegnativa e deve essere ponderata con responsabilità: é necessario essere consapevoli delle necessità fisiche, emotive e affettive dell'animale: vivere con un gatto non significa solo nutrirlo e dargli una casa, ma condividere con lui tempo ed esperienze.

Nella scelta non bisogna neppure mai farsi guidare da questioni di estetica o dalle pressioni della moda, spesso convogliate da cinema e televisione, ma valutare con obiettività la situazione attuale: i gatti abbandonati al loro destino sono oltre 2.600.000. Perché non adottarne uno e restituirgli il calore di una famiglia? La sua gratitudine, anche se adulto, vi ripagherà profondamente dell'opportunità che gli avrete concesso e voi, ricordando anche come la sterilizzazione sia importante oltre che per la sua salute per la lotta al randagismo felino, avrete dato un rilevante contributo per debellare questo fenomeno diffuso che costa grandi sofferenze agli animali.

Il gatto e la legge: i suoi diritti i tuoi doveri

ABBANDONO

Chi abbandona un gatto commette un reato. Ai sensi dell'art. 727 del Codice penale così come modificato dalla legge n. 189/2004 chiunque abbandona animali domestici o che abbiano acquisito abitudini della cattività è punito con l'arresto fino a un anno o con l'ammenda da 1.000 a 10.000 euro.

Chiunque assista a un caso di abbandono deve sporgere denuncia a un qualsiasi organo di polizia nazionale (Carabinieri, Polizia di stato, Corpo Forestale) o di polizia locale (Polizia Municipale, Polizia Provinciale) e fornire tutti gli elementi utili all'individuazione dei colpevoli.

BOCCONI AVVELENATI

Avvelenare un animale è un reato ai sensi degli artt. 544-bis e 544-ter del Codice penale, cioè rispettivamente uccisione e maltrattamento di animali. Toscana, Puglia e Umbria hanno una propria legge regionale per contrastare il fenomeno. Dal 17 gennaio 2009, è inoltre in vigore l'*Ordinanza contingibile ed urgente concernente norme sul divieto di utilizzo e di detenzione di esche o bocconi avvelenati*. L'Ordinanza Ministeriale vieta a chiunque di utilizzare in modo improprio, preparare, miscelare e abbandonare esche e bocconi avvelenati o contenenti sostanze tossiche o nocive, compresi vetri, plastiche e metalli. Il provvedimento vieta anche la detenzione, l'utilizzo e l'abbandono di qualsiasi alimento preparato in maniera tale da poter causare intossicazioni o lesioni al soggetto che lo ingerisce.

Per informazioni sull'Ordinanza e su come proteggere gli animali: www.lav.it

COLONIA FELINA

Una colonia felina è costituita da un gruppo più o meno numeroso di gatti - ne bastano anche due - che vivono in un determinato territorio.

Le colonie feline sono state riconosciute e ufficializzate dalla legge n. 281/91 Legge *Quadro per la tutela degli animali d'affezione e prevenzione del randagismo*. Ai sensi di tale legge gli enti e le associazioni protezionistiche possono avere, d'intesa con le unità sanitarie locali, la gestione delle colonie di gatti che vivono in libertà, assicurandone la cura della salute e le condizioni di sopravvivenza.

I gatti che vivono in libertà non possono essere soppressi se non gravemente ammalati o incurabili e devono essere sterilizzati dall'autorità sanitaria competente per territorio e reimmessi nel loro gruppo. I gatti che vivono in libertà sono protetti anche ai sensi dei nuovi articoli 544-bis e 544-ter del

Codice penale: il loro maltrattamento è perseguito penalmente con la reclusione da tre mesi a un anno o la multa da 3.000 euro a 15.000 euro, mentre l'uccisione è punita con la reclusione da tre a diciotto mesi.

Ogni divieto di somministrare loro del cibo è illegittimo.

CODICE DELLA STRADA

Ai sensi dell'art. 169 del Codice della strada non è ammesso il trasporto di animali domestici in numero superiore a uno e l'animale deve essere gestito in modo da non costituire impedimento per chi guida.

Il trasporto di animali in numero superiore è consentito purché custoditi in apposito contenitore o gabbia oppure nel vano posteriore della vettura separato dal posto di guida da adeguata rete o altro mezzo che, se installati in via permanente, devono essere autorizzati dal competente ufficio provinciale della Direzione generale della M.C.T.C. Per un solo gatto quindi sarebbe sufficiente porlo sul sedile o sul vano posteriore, ma è ovvio che nel trasportino è più sicuro e lo sono anche tutti gli altri passeggeri.

Contravvenire a queste modalità di trasporto può costare il pagamento di una somma da euro 68,25 a euro 275,10 e un punto di penalità che si raddoppia per chi ha la patente da un periodo di tempo inferiore a tre anni, conseguita successivamente alla data del 1° ottobre 2003.

Per quanto riguarda i mezzi a due ruote, decisamente sconsigliati nel caso di viaggio con animale, l'articolo 170 del Codice della strada ne consente tuttavia il trasporto, ma solo se custoditi in apposita gabbia o contenitore. Gabbia o contenitore non devono sporgere né lateralmente né longitudinalmente rispetto alla sagoma del mezzo e non devono impedire e limitare la visibilità del conducente.

CONDOMINIO

Il divieto di tenere animali domestici negli appartamenti non può essere stabilito legittimamente dal Regolamento condominiale, sia a norma dall'art. 1138 del Codice civile - secondo il quale le norme del regolamento non possono in alcun modo menomare i diritti di proprietà e di godimento spettanti a ciascuno dei condomini nell'ambito della proprietà esclusiva - sia per evitare un contrasto con la legge nazionale sul randagismo 281/91, la quale, invece, sancisce la tutela gli animali d'affezione e sanziona l'abbandono. Sono quindi rarissimi i casi in cui il Giudice e l'Autorità Sanitaria possono imporre l'allontanamento dell'animale e l'assemblea condominiale non può impedirne il possesso neanche se vota a maggioranza!

Solo nell'ipotesi in cui all'atto dell'acquisto, o della locazione, fosse menzionata l'esistenza di un regolamento di tipo contrattuale con esplicito divieto di detenere animali, e per avere efficacia vincolante il regolamento condominiale contrattuale deve essere menzionato ed esplicitamente accettato negli atti di acquisto o di locazione, esso sarà vincolante.

Se si vive con un animale oppure se si è intenzionati in futuro a circondarsi della sua presenza, è necessario dunque fare attenzione, al momento dell'acquisto di un immobile o della stipulazione di un contratto di affitto, che il regolamento condominiale non obblighi contrattualmente a privarsi della sua preziosa compagnia. Per quanto riguarda, inoltre, il diritto di uso dell'ascensore o delle scale del condominio, considerate «parti comuni del condominio» (artt. 1102 e 1117 del Codice civile), questo non può essere limitato dal regolamento condominiale, ad eccezione come chiarito in precedenza, di regolamento condominiale contrattuale, in quanto inteso a limitare l'utilizzo che ogni condomino ha diritto di fare delle parti e degli impianti comuni (art. 1102).

L'unico limite all'utilizzo di spazi comuni con animali è ovviamente il divieto di alterare la destinazione della cosa comune e nel divieto di impedire agli altri partecipanti di farne parimenti uso secondo il loro diritto.

I gatti liberi che stazionano e/o vengono alimentati nelle aree condominiali non possono essere allontanati o catturati per nessun motivo, a meno che non si tratti di interventi sanitari o di soccorso motivati.

La legge 281/91 prevede per le colonie feline il diritto alla territorialità e vieta qualsiasi forma di maltrattamento nei loro confronti.

Per promuovere una convivenza corretta con la colonia, chi se ne prende cura deve prestare la propria opera in maniera responsabile nell'assoluto rispetto di luoghi e persone, cercando di recare il minor disturbo possibile e somministrando cibo sempre alle stesse ore e al riparo dal sole, ma mai sotto le automobili parcheggiate, e senza lasciare contenitori e carte a terra.

DENUNCIA

La denuncia deve contenere i dati del denunciante (se anonima non può essere presa in considerazione dalla forze dell'ordine), una precisa esposizione dei fatti, l'indicazione dei responsabili (solo se conosciuti, altrimenti va sporta «contro ignoti»), degli elementi che possano condurre all'individuazione di essi (nel caso appunto di denuncia «contro ignoti»), i nomi di eventuali testimoni, cioè persone che hanno assistito ai fatti, infine la data e la sottoscrizione.

Per fare in modo che la denuncia sia il più possibile completa è importante allegare all'atto ogni documento utile: materiali video o fotografici ed eventuali referti medico veterinari che attestino la condizione dell'animale. È inoltre importante affidarsi a un legale di fiducia in loco che possa seguire l'andamento della denuncia.

Le forze dell'ordine non possono rifiutarsi di ricevere l'atto di denuncia.

La denuncia

- Si compila su un foglio di carta semplice in duplice copia, la seconda delle quali è necessaria per farsi attestare l'avvenuta presentazione.
- Deve includere la clausola chiedo «di essere informato riguardo eventuali richieste di proroghe delle indagini preliminari ed eventuali richieste di archiviazione ai sensi degli artt. 406 e 408 c. p. p.».
- Deve essere depositata a mano o con raccomandata a/r, presso la cancelleria della Procura o presso un qualsiasi ufficio di Polizia giudiziaria (Carabinieri, Polizia di Stato,

Corpo Forestale, Guardia di Finanza, Polizia Municipale e Provinciale) che sono tenuti non solo a riceverla, ma a predisporre gli opportuni accertamenti.

Cosa fare dopo aver sporto la denuncia?

Successivamente alla presentazione della denuncia, se il denunciante è persona offesa (ad esempio, il proprietario dell'animale o un'associazione di protezione animali) è possibile chiedere, dopo un certo periodo di tempo (qualche mese, di norma) qual è stato l'esito dell'atto e che indagini sono in corso. In caso sia stata chiesta l'archiviazione può esserne richiesta copia, valutarne i motivi ed eventualmente fare opposizione, nel termine di 10 giorni. Nei casi di inerzia degli organi di Polizia Giudiziaria, che non vogliono ricevere la denuncia o che si dichiarano «incompetenti» a trattare questioni inerenti gli animali, tale condotta può essere segnalata ai superiori e al Procuratore della Repubblica.

DECESSO

Le salme degli animali sono considerate rifiuti speciali e dunque da incenerire. È però possibile, laddove ne esista uno, seppellirle in cimiteri per animali da compagnia. È consentito anche il sotterramento in terreni privati cittadini, ma a condizione che il Servizio Veterinario Asl, opportunamente informato, decida che non vi siamo controindicazioni di carattere sanitario all'inumazione. Quando invece ci si imbatta in un animale morto per strada si deve chiamare il Servizio Veterinario Asl (o il Comune, a seconda del luogo dove ci si trova).

DICHIARAZIONE DEI REDDITI

Con la comprovante documentazione, le spese veterinarie sostenute per gli animali legalmente detenuti a scopo di compagnia e pratica sportiva possono essere detratte al 19% dalla denuncia dei redditi per la parte che eccede all'importo di euro 129,11 e nel limite massimo di euro 387,34.

EUTANASIA

L'art. 544 bis c. p. punisce chi per crudeltà o senza necessità, causa la morte di un animale. La norma introdotta non prevede distinzione tra animale proprio e animale altrui, né particolari modalità impiegate per causarne il decesso. Inoltre ai sensi della legge 281/91 - *Legge quadro in materia di animali d'affezione e prevenzione del randagismo* - e a quelli delle leggi regionali di recepimento i gatti appartenenti alle colonie feline possono essere soppressi in modo esclusivamente eutanasico, a opera di medici veterinari, soltanto se gravemente malati, incurabili o di comprovata pericolosità.

L'eutanasia è un atto medico veterinario e quindi può essere decisa ed effettuata solo da un medico veterinario ed esclusivamente per casi di particolare gravità ovvero affetti da una patologia inguaribile senza possibilità di miglioramento con alcuna terapia chirurgica o farmacologia, adeguatamente documentata e certificata e non dal proprietario dell'animale o dal titolare di una struttura d'accoglienza.

MALTRATTAMENTO

Con la legge n. 189/04 *Disposizioni concernenti il divieto di maltrattamento degli animali, nonché di impiego degli stessi in combattimenti clandestini o competizioni non autorizzate*, maltrattare gli animali è diventato un reato.

Chi per crudeltà o senza necessità, arreca una lesione a un animale ovvero lo sottopone a sevizie o a comportamenti o a fatiche o a lavori insopportabili per le sue caratteristiche etologiche, rischia la reclusione da tre mesi a un anno o la multa da 3.000 a 15.000 euro. La pena è aumentata della metà se dai fatti deriva la morte dell'animale.

In caso di fatti rispondenti alle condotte previste dall'art. 544-ter del Codice penale, è possibile per chi vi assiste o per chi ne ha notizia da fonte affidabile (che occorre citare nella denuncia) sporgere denuncia (orale o scritta) presso un qualsiasi organo di polizia giudiziaria (Polizia, Carabinieri, Polizia Municipale, Corpo Forestale ecc.), o presso la cancelleria del Procuratore della Repubblica. La Polizia giudiziaria è obbligata a riceverla e ad accertare il reato per impedire che questo venga portato a ulteriori conseguenze (art. 55 c. p. p.).

Se accade di essere presenti mentre il reato viene commesso è ovviamente necessario chiedere telefonicamente l'intervento di una Forza di polizia nazionale o locale (polizia municipale o provinciale).

La Forza di polizia non può rifiutarsi di intervenire, in caso contrario potrebbe incorrere nel reato di omissione di atti d'ufficio (art. 328 c. p).

MICROCHIP

Sebbene non vi sia alcuna disposizione di iscrivere il gatto all'anagrafe, secondo il Regolamento Comunitario n.

998/2003 relativo alle condizioni di polizia sanitaria applicabili ai movimenti a carattere non commerciale di animali da compagnia, sono necessari il passaporto europeo e il microchip nel caso in cui il gatto esca dai confini nazionali. Il microchip può comunque essere inoculato anche nel caso in cui il gatto non esca dai confini nazionali. Potrebbe rivelarsi utile in caso di smarrimento.

MEZZI DI TRASPORTO

Le regole e le condizioni di trasporto variano a seconda dei diversi mezzi utilizzati. Per quanto riguarda le compagnie aeree e di navigazione è indispensabile informarsi chiamandole direttamente in quanto le regole e le condizioni di trasporto variano a seconda dei diversi mezzi utilizzati, ma possono variare anche a seconda della compagnia.

Per i treni invece è possibile consultare il Regolamento di Trenitalia pubblicato sul sito www.trenitalia.it

Sugli autobus non vi è una legge nazionale di divieto o di permesso. Anche per questo mezzo di trasporto occorre consultare il Regolamento della compagnia.

MINACCIA

Nel caso in cui qualcuno minacci di fare ritorsioni su di un animale, di proprietà o meno, è possibile presentare una denuncia - querela alla Polizia Municipale, o alla Polizia di Stato, o ai Carabinieri o al Corpo Forestale dello Stato, per minaccia ex art. 612 c. p. che punisce a querela della persona offesa «*chiunque minaccia ad altri un ingiusto danno*» in relazione all'art. 544-bis del Codice penale *Uccisione di animali.*

È comunque opportuna l'assistenza di un legale che ne segua l'andamento.

PASSAPORTO

I cani, i gatti e i furetti che viaggiano all'estero accompagnati dal loro proprietario o da una persona fisica che se ne assume la responsabilità, devono essere identificati mediante microchip o tatuaggio ed essere muniti di passaporto internazionale, cioè dello speciale titolo di viaggio che deve sempre accompagnare l'animale nei suoi spostamenti al di fuori dei confini nazionali.

Il documento viene rilasciato dai veterinari ASL (Aziende sanitarie locali) in esecuzione del regolamento comunitario n. 998/2003 che disciplina i movimenti a carattere non commerciale degli animali da compagnia nell'Unione Europea o nei Paesi terzi. Il passaporto per animali domestici - in cartone blu cobalto con al centro l'emblema dell'Unione Europea - riporta: i dati anagrafici dell'animale, una sezione relativa agli esami clinici e alle vaccinazioni, in particolare l'antirabbica (obbligatoria per la movimentazione), il numero identificativo del microchip o il tatuaggio (che sarà ammesso però solo fino al 2011). Se i microchip utilizzati non fossero conformi agli standard Iso 11784 o Iso 11785, i proprietari dovranno portare con sé l'apposito lettore di microchip. La foto è facoltativa e il costo del rilascio varia da Regione a Regione.

Per ottenere il rilascio del passaporto per i propri cani, gatti o furetti è necessario farne richiesta con largo anticipo rispetto al viaggio al Servizio Veterinario della ASL, competente per territorio che provvede al rilascio del relativo documento.

Per saperne di più: www.ministerosalute.it/caniGatti/paginaMenuCani.jsp?menu=viaggiare&lingua=italiano

UCCISIONE

Con l'entrata in vigore della legge 189/2004 *Disposizioni concernenti il divieto di maltrattamento degli animali, nonché di impiego degli stessi in combattimenti clandestini o competizioni non autorizzate* maltrattamento, uccisione, combattimenti e doping di animali, sono puniti con pene più severe e il reato non è più estinguibile con l'oblazione.

L'art. 544 bis c. p. punisce con la reclusione da 3 a 18 mesi chiunque, per crudeltà o senza necessità, causa la morte di un animale. La norma introdotta non prevede distinzione tra animale proprio e animale altrui, né particolari modalità impiegate per causarne il decesso.

Anche l'uccisione di animali attuata da veterinari all'interno di canili e gattili per ragioni non ammesse dalla legge può essere considerata uccisione senza necessità e pertanto punibile ai sensi dell'art. 544 bis c. p.

Situazioni pratiche

IL GATTO NON È TORNATO A CASA

Tappezza la zona in cui è avvenuto lo smarrimento e quelle circostanti di locandine dove sia indicata la descrizione del gatto (taglia, colore, sesso, nome, eventuale razza, segni particolari, tipologia e colore dell'eventuale collare, caratteristiche della sua personalità: timido, pauroso, socievole), l'eventuale numero di microchip e completata da una foto e da un tuo numero di telefono.

Affiggi le locandine in luoghi particolarmente frequentati come bar, edicole, negozi e punti di transito, fermate degli autobus, cassonetti, ambulatori veterinari, rifugi per animali.

Contatta radio e giornali e chiedi loro di diffondere il tuo appello. Chiama studi veterinari e Servizio Veterinario Asl per verificare che non sia stato rinvenuto ferito e, se presente, recati di persona al gattile di zona.

HO TROVATO UN GATTO VAGANTE

Avvicinalo con prudenza e mai in maniera troppo diretta per non spaventarlo. Per prima cosa verifica con la massima attenzione che il gatto sia effettivamente smarrito o abbandonato e non sia membro di una colonia felina o semplicemente a passeggio. Se è effettivamente smarrito o abbandonato ai sensi delle leggi regionali che hanno recepito la legge nazionale n. 281/91 sulla tutela degli animali d'affezione e la prevenzione del randagismo, è obbligatorio denunciarne il ritrovamento presso una forza di Polizia oppure al Servizio Veterinario della Azienda Usl.

La denuncia certificherà peraltro la condizione di gatto vagante ritrovato e servirà a perseguire il responsabile dell'eventuale abbandono.

Il gatto vagante sarà consegnato, unitamente al verbale della Pubblica Autorità, alla struttura di accoglienza pubblica o privata convenzionata competente per territorio.

Chi consegna il gatto a una struttura pubblica non accompagnato da regolare denuncia ne diventa automaticamente il nuovo proprietario e sarà tenuto a pagare tutte le spese sanitarie e di mantenimento presso la struttura stessa.

HO TROVATO UN GATTO FERITO

Anche in questo caso avvicinalo con grande cautela e calma. In mancanza di un numero di pronto soccorso specifico per animali feriti, è necessario rivolgersi al Servizio Veterinario della Azienda Asl di competenza territoriale. I servizi veterinari delle Asl forniscono reperibilità anche notturna e festiva e sono obbligati a intervenire per il ritiro dell'animale non di proprietà.

HO TROVATO UN GATTO IN DIFFICOLTÀ

Valgono le indicazioni fornite per il gatto vagante, ma per soccorsi in situazioni particolari (tetti, alberi, cunicoli) chiamate i Vigili del Fuoco al numero 115.

HO ASSISTITO ALL'ABBANDONO DI UN GATTO

L'art. 727 c. p., riformulato dalla legge 189/04, punisce chiunque abbandona animali domestici o che abbiano acquisito abitudini della cattività con l'arresto fino a un anno o con l'ammenda da 1.000 a 10.000 euro. Inoltre prevede la stessa pena per chiunque detiene animali in condizioni incompatibili con la loro natura, e produttive di gravi sofferenze.

Se assisti a un caso di abbandono occorre raccogliere il maggior numero di elementi per individuare il responsabile (numero di targa, luogo e ora in cui si è verificato, descrizione fisica del responsabile dell'abbandono e dell'animale) e sporgere denuncia presso un qualsiasi organo di polizia giudiziaria (Polizia, Carabinieri, Polizia municipale, Corpo Forestale ecc.).

HO ASSISTITO AL MALTRATTAMENTO DI UN GATTO

È possibile sporgere denuncia (orale o scritta) presso un qualsiasi organo di polizia giudiziaria (Polizia, Carabinieri, Polizia municipale, Corpo Forestale ecc.), o presso la cancelleria del Procuratore della Repubblica. La denuncia deve contenere un'esposizione dettagliata dei fatti e ogni informazione utile a mostrare la condizione dell'animale. La descrizione dei fatti deve essere quindi molto accurata e, se possibile, corredata di foto.

MI IMPEDISCONO DI SOMMINISTARE CIBO ALLE COLONIE FELINE

Qualsiasi divieto di somministrazione di cibo ad animali randagi è illegittimo ai sensi della legislazione nazionale e regionale a tutela degli animali d'affezione e prevenzione del randagismo (Legge 281/91, *Legge quadro in materia di animali d'affezione e prevenzione del randagismo* e legge regionale di recepimento). E ciò vale anche per le colonie feline che frequentano gli spazi condominiali.

Non esiste infatti alcuna norma che vieti di alimentare cani e gatti senza famiglia.

Recentemente sul tema si è espresso anche il TAR della Puglia. Il Tribunale Amministrativo, oltre a riconoscere come la somministrazione di alimenti agli animali possa essere svolta nel rispetto delle norme igieniche e secondo i principi di civile convivenza, riconosce - a ragione - come il divieto di somministrazione di cibo possa incidere sulle condizioni di sopravvivenza degli animali, facendo così cadere su di loro effetti che vanno addebitati solo ed esclusivamente a comportamenti scorretti di alcuni cittadini, che comunque ben possono essere individuati e sanzionati.

Tra le numerose sentenze che ribadiscono l'illegittimità del divieto anche quella del Pretore di Siracusa, dr. V. Di Domenico, che ha stabilito come dare da mangiare ai gatti randagi non costituisce pericolo per la salute pubblica: cibare gli animali randagi non solo non è vietato, ma è da considerarsi un atto di civiltà.

VOGLIONO SPOSTARE UNA COLONIA FELINA DAL SUO HABITAT

La legge tutela i gatti che vivono in libertà e vieta espressamente di allontanare o spostare i felini dai luoghi dove abitualmente trovano rifugio, cibo e protezione, sanzionando chiunque ponga in essere comportamenti lesivi del loro benessere.

Relativamente alle piccole colonie di gatti stanziali nelle aree condominiali vale ricordare l'art. 7 della legge nazionale 281/91: «è vietato a chiunque maltrattare i gatti che vivono in libertà»; allontanare un gatto, animale a cui è riconosciuto lo status di animale libero, dal proprio habitat è configurabile come un vero e proprio maltrattamento, punito dall'art. 544 ter c. p.

Merita ricordare anche il TAR Veneto che nel 1994 ha emesso un'importante sentenza sull'intoccabilità dei gatti: i gatti randagi o meno che vanno in giro per la città non possono essere catturati anche se a ordinarlo è il Servizio Veterinario della USL «in considerazione della natura di tali animali essenzialmente liberi».

Il trasferimento «straordinario» di un singolo gatto o di una colonia felina è possibile unicamente se autorizzato dal Comune e solo per gravi motivi di igiene pubblica o per la sicurezza degli stessi animali, su parere motivato della ASL ed esclusivamente in luoghi più consoni.

VIAGGIO CON IL GATTO

Prima di recarsi in un luogo è necessario accertarsi se gli animali vi sono accolti e con quali limitazioni. Per i viaggi all'estero è necessario procurarsi tutte le disposizioni precise sugli obblighi sanitari richiesti rivolgendosi con largo anticipo al proprio medico veterinario o direttamente alle ambasciate della nazione in cui ci si reca: http://www.esteri.it/MAE/IT/Ministero/Rappresentanze/.

Soprattutto se la destinazione sarà un paese terzo, è consigliabile contattarle molto prima della partenza per sapere se in quella nazione vigono particolari norme per l'ingresso di animali domestici.

Per essere trasportati da un Paese europeo all'altro o un ingresso nell'Unione Europea, devono essere identificati con microchip, aver effettuato la vaccinazione antirabbica da almeno 21 giorni e da non meno di un anno prima della partenza ed essere muniti del passaporto europeo rilasciato dal Servizio Veterinario Asl.

Particolari ulteriori obblighi possono essere richiesti da alcuni Paesi, è quindi fondamentale informarsi accuratamente prima di partire rivolgendosi alle Ambasciate o agli Uffici Consolari del Paese di destinazione.

Per quanto riguarda i viaggi all'interno del territorio nazionale, il portale www.turistia4zampe.it raccoglie migliaia di esercizi pubblici, alberghi, ristoranti, agriturismi, campeggi, bed and breakfast e spiagge dove i nostri amici a quattro zampe sono i benvenuti. E tanti consigli pratici.

Ilaria Innocenti, di formazione filosofica e sui diritti degli animali, da oltre quindici anni è attiva nel campo della tutela degli individui non umani. Attualmente è responsabile nazionale del Settore Cani e Gatti dalla Lav.

Indice

SITUAZIONI

Ideazione e coordinamento
Antonio Monaco

Progetto grafico degli interni
Sonia Lacerenza

Copertina
Roberto De Gregorio

Traduzione dal francese
Simona Debernardi

Redazione
Paola Costanzo

Impaginazione
Sonia Lacerenza

Stampa
A4, Chivasso (To)

I lettori che desiderano essere informati
sulle novità pubblicate dalla nostra casa editrice
o esprimere le proprie considerazioni su questo libro
possono scrivere, e comunque rivolgersi a:

Edizioni Sonda
corso Indipendenza 63
15033 Casale Monferrato (Al)
Tel. 0142 461516 – Fax 0142 461523
E-mail: sonda@sonda.it
Web: www.sonda.it

Il mio gatto e io

C'è chi ha paragonato i gatti agli italiani, umani, per cui il governarli è stato detto tragicamente, non è impossibile, è inutile.

La verità, sui gatti, è che non vogliono e non possono essere governati. Ma la lettura di queste pagine farà in modo che quando non capirete l'amico micio, lui avrà apprezzato tutti i vostri sforzi. E sarà contento di avervi dato anche questa soddisfazione.

Gianluca Felicetti
Presidente Lav